コモンズ

コドモの居場所

今野稔久
養護学校教員

はしがき

「コンノナルヒサ、三六さい！」と、わたしをからかうコドモがいた。「そうだ、三六だ。まだまだやりますよお！」と応じていた。その彼は、この春、中学生。こっちは三七歳になる。

教師として働きはじめて、今年で一二年目だ。養護学校と小学校を経験して、いまは二つ目の養護学校にいる。

家に戻ると、そこには三人のコドモ。この七月で五歳になる双子のプンとサーラ、そして九月で一一歳になるネネだ。「ママは大好き、パパはフツウかな」とネネは言う。忙しく過ぎていく日々。でも、コドモたちはパワフルだ。

育児、教育、しつけ。コドモとオトナとのかかわりは、オトナからコドモへという流れのなかで語られることが多いように思う。育っていく、学んでいく、変わっていく。そう表現されるのはコドモたちだ。でも、コドモからオトナへという流れもある。その結果オトナが変わっていく。

わたし自身、コドモたちの存在を実感する。学校の昼休み、グランドの隅っこにあるブランコをめがけてぐんぐん走っていくコドモたちは痛快だ。散歩の途中、道に出てきた毛虫を見つけては、「わっ、ケムシンちゃん！」とかけ寄るコドモたちは新鮮だ。あるいは、難病・「障害者」といった状況を生きるなか、心地よいことは笑顔で、イヤなことは全身を震わせて、伝えてくるコドモたちもいる。そのとき感じるのは、生きているぞ！という根源的なたくましさである。

そして、こちらの弱さや傲慢さをコドモたちに見すかされるときがある。恥ずかしく、なさけない思いをしながら、コドモたちの存在を痛感するときだ。

「自分がイライラしてるからって、関係ないことで、あたらないでよ」という冷静で筋の通った訴え。「ごめんね」と謝ったら、「いいよ」とすぐに返してくれる、おおらかさと軽やかさ。力まかせに理不尽なことをがなり立てるわたしの目の前にある、悲しそうな、それでいて納得などしていない顔。弱い自分と、コドモたち。われながら、もっとなんとかならんかなと思うことが多いけれど、コドモたちとの毎日が支えになっている。

この本の題名は『コドモの居場所』である。養護学校にも、小学校にも、そして自分の家にも、コドモたちがいる。どのコドモもみな、うれしいことや、心地よいことや、面白いと感じることがある。やりたいことや、やってほしいことがある。それを、ときにはハッキリと、ときにはしたたかに、伝えてくる。そんなコドモたちの、居どころ、生きどころをあらためて見つめ、発信してみたい。ここにも面白い連中がいますよ、と。

この本が、わたしたちオトナのまわりにいるコドモたちに、さまざまな状況をひたむきに生きるコドモたちに、心を寄せるひとつのきっかけになってくれたら。こんなにうれしいことはありません。

もくじ●コドモの居場所

コドモたちに励まされて

コドモの世界に降り立つ

中途半端だったわたし

あすなろ養護学校で働き出して三年目、初めて学級を受け持った。高等部の一年生だ。そのなかにキダくんというコドモがいた。この養護学校は、廊下《ろうか》伝いに病院とつながっている。彼は小学部一年のときからそこに入院し、病院から学校に通ってきていた。プロ野球なら広島東洋カープ。アイドルなら浅香唯《あさかゆい》。『少年ジャンプ』も好きで、放課後いっしょに読んだりした。

キダくんが向き合っていたのは、進行性筋ジストロフィー症という病気だ。難病である。筋力が少しずつ落ちていく。高等部に入ってきたとき、すでにかなり症状が進行していて、リクライニング式の車イスに横たわっていた。書くことはむずかしく、指先がわずかに動く程度。ノドには穴が開いていた。空気の通りをよくするためである。気管切開という手術を受けたのだ。これによって呼吸はラクになるが、声がほとんど出なくなる。

高等部二年の夏、「呼吸が苦しい」と訴えて、キダくんは早退するようになった。彼が望んだのは、自分のベッドに上がって人工呼吸器を付けることだった。ランドセルくらいの大きさをした本体から、ジャバラになったホースが伸びている。ノドの穴にそのホースを装着すると、本体から空気が送り届けられるのだ。これを使うと身体がラクになるようだった。加えて、ノドの穴がふさがれるので空気が抜けず、声が出る。彼の声はハスキーというかダミ声というか、特徴のあるものだった。

だが、人工呼吸器を付けて学校に来ることは認められていなかった。機械の操作は医療行為にあたり、学校の教職員が医療行為をすることは法律で認められていなかったのだ。

「できるだけ自分で呼吸をして、そして学校へ行こう」

わたしはそう働きかけていた。検査データによれば、自力呼吸ができるはずである。しかし、悪循環だった。「苦しい」と言って病棟に戻る。ノドの穴から管を入れてタンを吸引してもらった後、「まだがんばれるし、自分で息をしなかったらダメだよ。呼吸器は付けられないよ」などと説得して学校に戻る。すぐに「苦しい」と訴える。

わたしは、中途半端なところにいた。「身体のことがいちばん大事。調子が悪いときはがまんしないように」といつも話していた。でも、彼が訴えてきたとき、それを素直に受けとめられなかった。本人を見ると、たしかに苦しそうだけれど、もっとがんばれるはずではないか。苦しいのか、もうちょっとがんばれるか……。とにかく、非常に歯切れが悪かった。

「苦しい、苦しいという理由で吸引に行きたがり、早退を希望する。六回ほど吸引に行った後、結局は早退する（一九九二年八月二五日）」

当時つけていた記録には、そう書かれていた。〈これはいかんなあ〉と思い、キダくん本人を含めて話し合う場をつくったらどうだろうと、ドクターや婦長さんに呼びかけた。

スタンドプレー？

八月の終わり、午後四時過ぎ、ナースステーションに、五人が集まった。キダくん、キダくんのおばあちゃん、ドクター、婦長さん、それに、わたしだ。おばあちゃんは病院の敷地にある宿泊施設に滞在しながら、一年の多くを彼に付き添っていた。それぞれが意見を言う。

「人工呼吸器をはずして学校へ行くことに対して、不安が強い。学校に行きたくないという面がうかがえる。医療側としては、『苦しい』と言われるとどうしようもない。サクションを武器にしているところがある。矯正が必要」などとドクターは言った。サクションというのは吸引のことである。

「最善をつくし、本人の意思を尊重し、いろいろやってきて、いまの状態がある。これ以上は、というところまできている。本人には好きなことをやってもらいたい。だからこそ、がんばってもらいたい」(婦長さん)

「『苦しい、苦しい』と言っているのを見るのは、しのびない。がんばって学校に行ってくれれば、いちばんいい。だけど、学校へ行く杖がないような気がする」

そう言ったのは、おばあちゃんだった。「杖がないような気がする」という言葉は、グサリときた。その杖を、わたしは用意できないでいたのだ。

そして、キダくん。「学校へ行くのがイヤで苦しい、ちょっとある。学校はそんなにイヤじゃない。機械(人工呼吸器)があると安心する。声を聞きとってもらえないのがイヤだ。自分ではがんばっているつもりなんだけど」というようなことを彼は言った。率直な言葉だった。

みんなが一通りしゃべった後に、わたしは言った。

「学校を休むか休まないか、早退するかしないかの判断は、本人の意思を尊重するということにしてもらえないでしょうか」

この一言は、ドクターや婦長さんからきびしく批判された。その背景にはギャップがあったのだと思う。〈キダくんとどこで向き合うのか〉というところでのギャップである。

ドクターや婦長さんは、キダくんを助ける具体的な打開策に目を向けていた。そして、この話合いをそのためのミーティングだととらえていた。彼の意思を尊重してやってきて、いまこの状況がある。だから、今度は本人の意思を大切にしつつも、この先どうやっていくのかをもっと具体的に話し合わなければならない。それには、本人にも、もう一度いまの状況を見つめてがんばってほしい。ドクターや婦長さんは、そう訴えたかったのだと思う。

これに対してわたしは、キダくんの言葉をどう受けとめようかというところで悩んでいた。わたし自身、彼の意思を尊重しきれていなかった。本人の意思はふまえつつも、つぎのステップに向かわなければこの状況は乗り切れないと考えるドクターや婦長さんたちと、その本人の意思にこだわっているわたし。

「それはあなたのスタンドプレーじゃないか」

「何の打開策にもなっていない」

「いままでだって本人の意思を尊重してやってきたんですよ」

ギャップは埋まることなく、話合いは七時過ぎまで続いた。

結局「そんなに言うのなら」と、学校に行くか行かないかは本人が決めることになったが、合意という感じではなかった。そして、状況は変わらなかった。

朝わたしが病棟にキダくんを迎えにいき、「学校に行くかい」と聞く。「行く」と答える日もある。でも、すぐに「苦しい」と言って戻る。「先生の言うとおりにして、その結果がこれですね」と、わたしはビシッと言われた。「病棟にあんまり来ると先生が怒られるよ」と、キダくんが気を遣《つか》ってくれたほどだ。

メガネと人工呼吸器

そんななか、わたしには、自分自身の中途半端さに対してはケリをつけたという思いがあった。〈キダくんはもっとがんばれるはず。ちょっと甘えているところがある。データからしても、これまでの行動からしても、そうだ〉という思いは捨てた。〈いま必要なのは、キダくんの言葉をわたしがまるごと受けとめることではないか。受けとめたことで自分が批判されるなら、それでもいい。自分が防波堤になってやる〉それくらいの思いつめた気持ちになっていた。ひとりよがりだったとも思う。ただ、このときは、それで自分を支えていた。

その後、事態は好転する。ドクターや婦長さんなど医療スタッフからキダくんのことであらためて話がしたいという申し出があったのだ。ただし、わたしはその場に呼ばれなかった。彼の問題は、わたしの手を離れたところで話し合われるようになり、学校側からは学校長と高等部の主事が出席するという。話合いに先立ち学校長は、「人工呼吸器を付けたままで学校へ来ることは認められないという方針で臨むから」とわたしに告げた。

しかし、話合いの結論は逆だった。保護者が付き添うという条件で、人工呼吸器を付けて学校に来ることが認められたのである。なんといっても、おばあちゃんが付き添いを了承してくれたのが大きい。そして、医療スタッフも、学校長も、〈キダくんにとってどうすることがいちばんいいのか〉というところで話し合ってくれた。後から聞いた話では、ドクターがこんな例え話を持ち出したという。

「視力の弱い人にはメガネが必要であり、メガネをかけて学校に行きます。同じように、人工呼吸器がキダくんには必要であり、人工呼吸器を付けて学校に行ってもいいのではないでしょうか」

かくして、キダくんは、人工呼吸器を付けて復活したのだ。声がはっきりと出るようになり、彼はうれしそうだった。「タグチ先生が、キダくんの声ってこんな声ナンダーって言ってた」と、わたしに伝えてくれたこともあった。タグチ先生というのは、密かに彼が憧れていた女性だ。医療スタッフたちが出した提案は、文字どおり打開策となったのである。

「先生や看護婦さんたちが助けてくれた」と、キダくんは後になって言っていた。

先生というのは、もちろんドクターのことである。そのとおりだと思う。学校に不安なく行けるようになったキダくんの生き生きとした表情から学ぶものがあった、とドクターは言った。「自力での呼吸をしてほしいという願いはあるけど……」と語る婦長さんの顔は、ショウガナイワネエという感じでやさしかった。

コドモの意思にまかせるという決断

このできごとは、わたしにとって大きかった。

キダくんをはじめ養護学校に通うコドモたちは、強大なものに取り囲まれている。学校と病院である。そこには、確立した考え方とやり方がある。言い換えれば、教育や療育といえるだろう。発達途上のコドモたちに適切な教育を授け、自立を促していこうとする。障害からくる困難を乗り越え、そのコドモ自身の成長がとげられるよう指導・支援する。

だけど、コドモたちには、コドモたちの感性や考えがあり、世界がある。学校でのできごとを、わたしたちと同じようにコドモたちが経験しているとは限らない。〈自力で呼吸できるうちは、がんばったほうがいい。キダくんはまだまだ自力呼吸ができるはずだ〉というわたしの先入観は、キダくん自身が実感し、思い願っていたこととは違っていた。

わたしはキダくんを追いつめていた。〈先生、そうジリキ、ジリキって言わないでよ、責めないでよ。苦しいもんは苦しいよ〉という声が聞えてきそうだ。

〈呼吸に使うエネルギーを別のところで使ってもいいんじゃない？　自力で呼吸することが目標だって、だれが決めたの？　それは先生の目標じゃないの？〉

キダくんが雄弁にそう語るわけではなかった。でも、キダくんの訴えからは、呼吸をめぐる「もう一つの可能性」が見えてくる。自分で呼吸してがんばることが一つの選択ならば、がんばらないというのも一つの選択である。二つの選択肢は、もともと対等な二つの可能性と言ってよい。

しかし、わたしはなかなかそう考えられなかった。「身体」に関して、〈自分でできることは自分でする〉という大前提がわたしにある。自分で呼吸する可能性があるならば、ギリギリまでそれでがんばることを「正当」な目標と考えてしまう。もう一つの可能性に目を向けることはない。

このとき、わたしたち教師がつくっている世界のスキマから、コドモたちの世界が見えてくる。教師が疑いなくコドモたちに伝え、指示し、指導していることというのは、いろいろあるやり方や考え方の一つにすぎないのではないだろうか。

キダくんの意思をどう受けとめようかと葛藤しながら、人工呼吸器を付けてほしいと全身で訴えるキダくんを目の当たりにしながら、わたしはどちらの側に立てばいいのかを意識していった。〈なんとかがんばってほしい。もっと、がんばれるはず〉という思いをずっともってきたわたし自身の側にとどまるのか。それとも、「苦しい」と叫ぶキダくんの側へと向かうのか。二つに一つ。厳しい選択が待ちかまえているように感じた。

わたしが呼びかけ、不調に終わった話合いの帰り道、あたりはもう真っ暗だった。とぼとぼと歩きながら、ふと〈オレは教師なんだな〉と思った。後にも先にも、そんなふうに心から思ったのはこのときだけだ。どうしてだろう。たぶんそれは、あの場でみんなの話を聞き、〈さあどうする!〉という状況で、〈キダくんの意思にまかせよう〉と決断できたからだと思う。

打開策は見出せず、ひとりよがりでどうしようもなかったけど、自分の最終地点はコドモの側だった。そう信じている。

少しずつでも、自分の世界を割ってコドモたちの世界へと降り立っていけるかどうか。教師の勝負どころはそこにあるのかな、と思う。身のほど知らずなのだけれども、そう考えている。

復活劇から一年とちょっと。「大学もあればいいのに」と言いながら、キダくんは卒業していった。

自分で見つけた言葉

重みがある言葉

「人生は苦労するから楽しいんだ。苦労のなかに、自分の幸せや楽しみや希望があるんだ」

マモルというコドモが中学部を卒業するときに残した言葉である。マモルは、卒業式の答辞でこの言葉を会場の人たちに送った。

「いい言葉だったね」

いろいろな人がマモルに声をかけていた。

マモルがいる春ノ光養護学校も、病院とつながっている学校だ。コドモたちの多くは、親元を離れ、入院しながら学校生活を送っている。学校での集団生活に、病院での集団生活。毎日の勉強に、病院での訓練。がんばる場面の連続といってもよい。マモルはそこで九年間暮らしてきた。その彼が口にした言葉だからこそ、重みがあったのかもしれない。

「コドモががんばっているから、自分たち親もがんばれるんだ」

卒業式の後にマモルの父さんがそう言っていた。

愛のある辛口

「人生は苦労するから……」という言葉を、マモルは自分で見つけた。彼は個性的だ。まず、口うるさい。題して「愛のある辛口」。きびしく聞こえるけれど、「言ってもらってよかった」と相手に思われるような、そんな辛口をめざしているという。

「今野先生はね、遠慮しすぎなの。いいかい、言いたいことは言わなくちゃダメだよ」

わたしは、よくそう言われた。自分だって遠慮しすぎてイジイジしていることがあるだろうと思いつつ、その説教を半分くらいはありがたく聞いていた。たしかに、遠慮してものを言えない場合があるからだ。

音楽の趣味もユニークだ。世間で人気のあるポップス歌手たちには目もくれない。彼が好きなのは演歌だ。それも、いまをときめく氷川きよしは決して聴かない。聴くのは、東《しょう》海林《うじ》太郎に藤山一郎、作曲家でいえば古賀政男。戦前から戦後にかけての、一九四〇年代から五〇年代あたりの歌がいちばん好きだという。

「愛のある辛口」にナツメロ志向。「自分は変わってるって言われますが」という言葉で始まるマモルの自己紹介文を読んだことがある。「変わってるって言われるけど……ぼくはムカシの音楽が好きなんです」。そんな調子の文章だった。
愛のある辛口も、ナツメロも、共有されにくい世界ではある。
「ナツメロもいいけど、もっと、みんなと交じって活動してもいいではないか」
わたしからも、まわりの人からも、そうした言葉をマモルは何度となく浴びていた。でも、自分を変えようとはしない。
修学旅行で札幌に向かうバスの中、彼は東海林太郎の「赤城の子守り歌」を唄った。すると、何人かの先生たちがいっしょになって唄い出した。ナツメロもいいものだ。マモルが大切にしているものは、ジワリとまわりに伝わっている。
愛のある辛口をめぐっては、学級の中で議論したことがある。
「辛口っていうのは、感情の槍みたいなもんだ。相手を励ますんじゃなくて、かえってキズつけることだってある」(わたし)
「でも、言ってもらってよかったていうこともあるの!」(マモル)
「『そんなこともできないなんて、だから新潟者はダメなんだよ』というように、本人と関係のないものまで持ち出すような辛口に愛なんてない」(わたし)
ちなみに、わたしは新潟生まれである。

「そういう辛口でも、感謝されることがあるの！」（マモル）

芯の強さというか、情の強さというか、マモルは手強かった。そうやって喧喧諤諤《けんけんがくがく》とやっていくなかで、マモルは自分の辛口に自信をもっていったのだろう。

冬休み、マモルからもらった手紙には、こうあった。

「いよいよ三学期が始まります。また愛の辛口でみんなをリードしますよ」

〈規律が緩みがちな学級をビシッとしめていくのは自分の仕事だ〉という気概が伝わってきた。〈よく言うよ〉と思う一方で、この言葉は爽快だった。

自分のことを伝えていくたいへんさと、伝わっていくうれしさを、マモルは実感していったのではないだろうか。「苦労するから楽しい」という決めゼリフに、わたしは彼自身の営みを映していた。

心に響く言葉、力強い言葉

あすなろ養護学校でいっしょだったタカオやテツヤの言葉も忘れられない。

タカオは、学校へ行くことの意味について語った。高等部を卒業する日の答辞だ。

「自分は学校に行く意味がわからなかった。それが、この卒業を前にしてやっとわかった。学校というのは、友だちを、仲間をつくる場だ。やっと意味がわかったと思ったら、もう卒業だ。卒業したくない」

学校へ行くことの意味について彼が悩んでいた姿を知っている者にとって、この言葉は心に響いた。わたしがジワリと涙をためているとなりで、同僚の一人はヒジを顔にあててオイオイ泣いていた。泣き方もいろいろである。

タカオは、リーダーシップがあり、ユーモアのセンスもあり、まわりからは信頼され、勉強は優秀という、「希望の星」のような見方をされていた。入学当初からだ。一年生の後半くらいからだったろうか、そのタカオが悩んでいるという話を聞くようになる。

コドモたちの多くがそうであるように、タカオも進行性筋ジストロフィー症と向き合っていた。彼が深い問いを抱くなかに、筋ジストロフィー症という病もまた大きな位置を占めていただろうが、それはこちらの想像にとどまる。ただ、どうして勉強するのか、どうして学校に行かなくてはいけないのか、つきつめればどうして生きるのかといった深いところで葛藤していることは、伝わってきた。学校を休みがちになるということで、その葛藤は表立っていく。学校が始まる時間になっても、病棟にいる日が多くなった。

「学校は友だちをつくる場だ」という言葉は、しんどい状況を乗り越えてきたであろうタカオが見つけたものである。やはり、重量感のある言葉だ。

もう一つ紹介したい。

「筋ジスは、口が命だ！」

タカオの同級生。テツヤの言葉である。彼もまた筋ジストロフィー症だった。身体が少しずつ動かせなくなっていく者にとっては、口で、言葉で、ガンガン攻撃していくのが生命線だ。わたしはそう受け取っている。

なんと痛快で力強い言葉だろう。テツヤは、昔から、そしておそらくいまも、攻撃的だ。ギロリとにらみをきかせるときの雰囲気、ヘヴィメタルと阪神タイガースをこよなく愛する姿、どれも目に焼きついている。わたしもよく「口撃」された。

足元から始めたい

マモルの言葉も、タカオやテツヤの言葉も、生き方そのものだ。

わたしたち教師は、生き方を教えることはできない。自分を周囲の人たちにどう伝えていくのか。なんのために学校へ行くのか。筋ジストロフィー症をどう生きるのか。そんなところで格闘しているコドモたちを前にしたとき実感するのは、自分のちっぽけさである。

それでも、足元から始めたい。マモルにとって、「愛のある辛口」のあり方をめぐって突っ込んだ議論を交わしたわたしは「論戦」相手であり、「聞き手」であったと思う。

その一方で、「あの先生の前だと、なんでオレは思ったことが言えないんだろう」「アイツに言いたいことがあるんだけど、どう思われるか不安だし」という弱気話の相手にもなった。場所はたいていトイレ。用足しの介助をしながら、適当に相づちをうっているようなときもあったけど、八割くらいは聞いていた。

たぶん、わたしのような相手も、マモルにとっては必要だったと思う。もっとも、彼にも言い分があるだろう。

「なに言ってんの！　こっちだって、先生のためを思って、ずいぶん励ましてきましたよ。先生はすぐ遠慮するからね」と。

つながっているという実感

あすなろ養護学校の高等部に、オオカワ・シンゴくんというコドモがいた。わたしは彼に、イスを運んでもらったことがある。研究授業をしたときのことだ。

研究授業では自分の授業を公開して、他の先生たちに検討してもらう。それが、うまくいかなかった。授業の後、見にきてくれた先生たちのために用意したイスを、だらだらと片付けていた。すると、オオカワくんが、何を言うでもなく黙って何脚かのイスを台車にしまってくれたのである。研究授業は彼の学級で行ったのだった。

「シンゴ、ありがとう」。わたしは言った。そんなちょっとしたやさしさに元気づけられたことが、何度あっただろうか。

岐阜県の小学校にいたときのある日、理由が何なのかはすっかり忘れたが、ひどく滅入った気持ちで教室に向かっていた。その学校は廊下が少なく、ベランダを通って各教室へ行く。二階のベランダを歩いていると、教室の戸が開き、担任をしているコダマ学級一組のコドモたち、カツヒロとカンタとモトくんが、勢いよく走ってきた。

「オラー、コンノ、ブッコロシテヤル！」

先頭はカツヒロで、わたしが持っていた手さげかごを奪い取ると、一目散に教室へ戻っていった。モトくんも、カツヒロの後をくっついていく。カンタは、わたしに抱きついてニッコリと笑った。この、またたく間のあいさつで、ムクムクと気力がよみがえった。

「きょうも、がんばるか！」と、わたしも勢いよく教室に入ったのだ。

カツヒロが置いてくれたのだろう。手さげかごが、机とぴったり寄り添うように置かれていた。

いま働いている春ノ光養護学校のマモルとわたしは、いわばケンカ仲間だ。お互い、ちょっと意地を張っているところがある。

「給食でいちばんうまいのは、なんといってもカレーライスだ！」とわたしが言えば、

「フン、そうそうカレーばっかり出ると思ったら大間違いですからね」とマモルが言う。

『『金八先生』は面白い」と言えば、「『渡る世間は鬼ばかり』のほうがずっと面白いよ」と返してくる。

そのマモルからの手紙が、なぜかやさしい語り口なのである。ある年の一二月には寒中見舞いをもらった。

「どんなクリスマスをお過ごしですか。先生のコドモたちの声を今度聞かせてくださ い。冬休み、ご家族のみなさんと函館《はこだて》でゆっくり過ごしてきてください」

この手紙はうれしかった。じつは二学期最後の日、マモルはブスッとしていて、「おつかれさま、来年もよろしくね」と言い合うことができなかったのだ。とくに何かケンカをしたわけではないのだけれど、わたしは気が重かった。二年近くの付き合いになろうとしているのに、なかなかうちとけないもんだ、という思いも残った。そのときからひきずっていた重苦しさが、軽やかな気持ちになった。さあ来い、三学期！

オオカワくんも、コダマ学級のコドモたちも、マモルも、いったいどんな思いでイスを片付けてくれたり、温かくも手荒に迎えてくれたり、手紙をくれたりしたのだろう。

どれも、率直で具体的で、ちょっとしたことだ。そして、思い当たるに、わたし自身も彼らに対しては率直で具体的で、ちょっとしたことを大切にしていた。

オオカワくんとは、音楽の嗜好が同じで、妙に気が合った。だから日々、好きなバンドのことを話したり、曲の入ったカセットテープを貸し借りしていた。わたしが借りることのほうが圧倒的に多かったけれど……。

カツヒロたちとは、機会を見つけてはグランドへ遊びにいった。たいていは鬼ごっこのような闘いごっこだ。いつもいつもというわけではなかったが、カツヒロたちにとってわたしはアソビ仲間の一人だった。

そしてマモルとは、プロジェクトチームを組んでいた。マモルもわたしも、NHK朝の連続テレビ小説が好きだ。そこで、「NHK朝ドラの歴史」などと銘打って、調査活動などをやっていたのである。

こうした活動は、コドモたちといっしょになって地道に続けていたものだった。だから、お返しがきたのだと思う。地道にこつこつとやっていることは、振り返ってみるとコドモたちに伝わっている。そして、コドモたちとわたしとをつなげていく。音楽仲間・アソビ仲間・プロジェクト仲間。

カツヒロたちに迎えられたときは、「くよくよしないで早く来いよ」と言われているようだった。オオカワくんがイスを片付けてくれたときは、ズッシリとした気分を共有してもらったような気がした。マモルの手紙を読んだときは、意地を張らずにまた話のひとつもしてみるかという気持ちになった。

コドモたちとつながっているという実感が、コドモたちのなかにわたしの居場所があるという実感へと連なっていく。自分の居場所を実感させてくれるもの。それが、わたしの支えになっている。

コドモの力　あすなろ養護学校、野球物語

名プレーヤーたち

あすなろ養護学校高等部のコドモたちの多くは、キダくんと同じように、進行性筋ジストロフィー症と向き合っていた。ほとんどは車イスに乗っていた。女子の数は少なく、大半が男子だというのも、わたしがおもにかかわっていたクラスの特徴だった。

教室からちょっと離れたところに体育館がある。そこで行う体育の授業を、コドモたちはものすごく楽しみにしていた。風船バレーボール、ビーチボールサッカー、フロアホッケー……。ルールや用具を工夫した種目が並ぶ。なかでもコドモたちが熱中したのは、野球だ。

軟式のテニスボールをプラスチックバットで打つ。球を取るときには、手づかみか虫取り網を使う。塁と塁の間は七メートル、マウンドからバッターボックスまでは四メートル半といったところか。一見すると狭いこの場所で、いくつもの勝負があった。

わたしと同時期に高等部へ入ったテツヤは、負けん気の強い速球派。わたしも何度か対決した。教師も打席に立っていたのである。打つときは車イスに乗る。

一度だけ、テツヤからホームランを打ったことがある。内角よりのやや高目の球だった。完全に詰まったけれど、体育館の奥までとどいた。「ホームラン」という審判のコールにテツヤは激怒した。

「あんなん、ホームランじゃねえ。どん詰まりじゃねえか。力でもってっただけだ」

そして、次の対戦では、叫びながらボールを投げてきた。

「筋ジスじゃなかったら、オレは甲子園に行っていた」

彼がそう言うのを聞いたことがある。そうかもしれない。

テツヤの一つ下に、ナオトがいた。彼もいい投手だ。ナオトには、闘志を内に秘めるような雰囲気があった。なかばケンカごしに攻めてくるテツヤとは対照的だ。

ナオトともよく対戦した。打ち取られるときもあるし、打ち砕くときもある。一度、サヨナラホームランを打ったことがある。球の勢いに押されて振り遅れたものの、右中間、体育館のいちばん上の壁に当たった。そのときナオトは、静かに首をうなだれた。

テツヤも、ナオトも、学年が進むにつれて投球フォームはサイドスローに近くなっていった。肩の筋力が落ちていったのだろう。でも、身体の中心をうまく回転させ、それによって生まれる遠心力で腕をしならせた。闘志が衰えることはなかった。

当時は、三学年合わせて一五人前後のコドモが野球に参加していた。三チームに分かれることが多かったので、一チームの人数は五人前後になる。ほとんどのコドモは内野を守る。電動車イスに乗っているコドモがボールを網でとらえたら、その時点でアウトになった。ふつうの車イスに乗っているコドモは、ボールを送球しなければならない。ただし、身体か車イスに一度でもボールが当たったら、教師が手助けに入って送球してもいい。外野はたいてい教師の持ち場だ。

打つほうでも工夫をしていた。自由自在にバットを振り回せるコドモは少ない。たいていのコドモは、振り切れる範囲が限られていた。その範囲にストライクゾーンを合わせるのだから、投手はたいへんだ。ボール三つ分くらいの幅しかストライクにならない者もいた。

タカシは、電動車イスに乗っていた。彼が二年のとき、何度も盗塁を決められた。捕手はわたしだ。

投手がボールを投げる。タカシが走る！　捕球するやいなや、セカンドベースをめがけて、わたしはボールをころがす。二塁を守っていたリュウイチがベースに入る。しかし、間に合わない。この年、タカシは盗塁王だったのだ。彼を走らせまいとして、一塁へのけん制球を連発したこともあった。でも、相手は冷静そのもので、こちらを見てニヤリと笑っていた。

教師も力いっぱいプレーした。野球が苦手な先生は、この時間がゆううつだったようだ。「あまりにも勝敗を意識しすぎるからイヤだ」と言う先生もいた。でも、わたしは、コドモも教師も交じったなかでの真剣勝負、といった雰囲気が好きだった。

忘れられない試合

忘れられない試合がある。マサヒロというコドモと同じチームになったときだ。マサヒロは、三年生になってから投手を始めた。これは異色だ。朝の始業前に、あるいは休み時間に、マサヒロはもくもくと投げ込みをしていた。練習を重ねてカーブの投げ方も習得した。この年、わたしはマサヒロのチームにいて、ポジションは捕手。

ただし、公式戦は甘くない。このマサヒロと、一年生投手サトルをたてたわたしたちのチームは、なかなか結果を出せなかった。三チームで二回ずつリーグ戦を闘う。わたしたち「スーパーファイヤーズ」は、公式戦に入って一敗一分けだった。残りは二試合、ローテーションからして最終戦の先発がサトル、その前の第三戦がマサヒロだった。

その第三戦、マサヒロは最高のピッチングを見せた。低目にボールを集める。ときおり投げるチェンジアップが決まる。自分のところへ飛んできたボールには、車イスごと飛びつき、一塁で刺す。みごとなフィールディングだった。こうして、一回と二回を無失点で切りぬける。

そして、ファイヤーズは二回・三回と着実に点を加え、三対〇とした。残るは三回の裏、最終回だけ。この回を押さえれば勝てる。だが、ピンチがやってきた。最終回にワンアウト満塁とされ、当時最強のプレーヤーといわれた、マサヤをむかえたのである。マサヤは、ここまでの三試合で七割を超える打率を誇り、ホームランも二本打っていた。

マサヒロは敢然と向かっていく。低目に、低目に、と両手で大きなジェスチャーをしながら、わたしはボールを待った。身体能力というか、もっているパワーからすれば、明らかにマサヤが上回っていた。ツー・ワンからの四球目、マサヒロが投げた外角低目の直球をマサヤがはじき返す。力強い打球が一・二塁間を抜ける。ライト前ヒットだ。

一点を返されたが、ホッとした。マサヒロにも動揺はなかった。長打でもない。ホームランでもない。わたしたちにすれば、マサヤに立ち向かって結果を出したのだ。その後の打者を押さえ、結局この試合をマサヒロは三対一で乗り切った。

「負けるわけにはいかなかったので、精いっぱい投げました。その結果、自分でも驚く内容だった。高等部最後のピッチングだったが、悔いはなかった」

コドモといっしょになって発行していた『野球通信』のインタビューに、彼はそうコメントした。

「意味」をこめる

これは体育なのだろうか。まあ、体育には変わりないのだけど。

野球をするのは週一回、土曜日。わたしたち教師は、それぞれのコドモに対する指導目標を決め、それに応じた評価を行った。ほとんどのコドモが「意欲もあり、技術の向上にもつとめている」だ。盗塁王のタカシはその典型である。

彼は、バットを手に持って振ることができなかった。そこで、バットを脇の下にはさみ、首からかけたタスキと手を使ってバットを固定し、身体全体を回転させて、バットを振る。この技術を向上させて、ボールを打ち返せるようになっていった。体育の時間は試合が中心になる。タカシは、休み時間に練習をしていた。

タカシに限らず、ほとんどのコドモが休み時間に練習していた。コドモが意欲満々なので、授業としてもうまくいった。しかし、授業の一つとしてはかたづけられない意味がある。

あの狭い体育館のマウンドは、テツヤにとってどんな意味をもっていたのだろう。ナオトにとって、マサヒロにとって、どんな場だったのだろう。「たいへん意欲的に取り組んでいました」という、わたしたちが用いる言葉では、とらえきれないものがある。彼らがしていたのは野球であって、体育種目ではなかった。わたしには、そう思える。

わたしたち教師がお膳立てした「体育＝テニスボール野球」に、コドモたちがどんどん意味をこめていく。そこには、あてがわれた状況を自分たち自身の意味づけで変えていく力があるのではないだろうか。

わたし自身も、彼らの野球の世界へと巻きこまれていった。守っているとき、自分のところへ来た打球を思わずダイビングキャッチしたことがある。どうしてそう反応できたのか不思議だった。指導者あるいは介助者という役割では説明しきれない。共に活動しているという実感があったからこそ、自然に身体が動いたのだろう。

あすなろ養護学校で最後にプレーしてから、一〇年になる。あのころいっしょだったコドモたちも青年になった。

恋をしよう

あすなろ養護学校で働き出して間もないころ、一人の女の子と交換日記を始めた。彼女は高等部の二年生。わたしも高等部に所属していた。直接に授業は担当しなかったが、生徒会の活動や、何クラスかが合同で行う体育の授業では、いっしょだ。

彼女も、入院しながら学校に通っていた。この養護学校のコドモたちの多くがそうであるように、彼女もまた筋疾患と向き合っていた。調子がいいときは歩いて、それ以外のときは車イスで、移動していく。歩くときには、自分の車イスの手すりをつかみ、だれも乗っていない車イスを前に押し出しながら進む。

放課後、学校から病院へと向かう廊下で待っていると、彼女が介助の先生といっしょに教室から出てくる。そこで日記の受け渡しをした。

「きょう委員会活動があった。いろいろな意見が出ていてよかったと思う」

「たしかに、そう思う。たくさん意見が出て盛り上がればいいよね」

くわしい文章は忘れてしまったのだが、このような調子で、学校で起こったできごとについてコメントを寄せ合うことが多かった。

「きょう自分がやった社会科の授業はダメだった」というように、わたしが弱音をはくこともあった。すると、彼女は「自分もがんばれないときがある。でも、がんばろう」などと力強く返してくれる。その逆のときもあった。

彼女がわたしに気持ちを寄せてくれているのがわかった。わたしも、日記を大切にしていた。その一方、学校につながっている病院の看護婦をしていた妻と出会ったのも、このころだ。

夏休みが終わり、風が涼しくなり、そして秋になった。あるとき、わたしは「話があるから」と彼女に言われ、放課後、彼女の病室へと足を運んだ。彼女は、静かな口調で語り始めた。

わたしと妻とのことが、病棟でウワサになっているそうだ。そして、ウワサになっていることは本当なのか聞かせてほしいと言う。どこからどう伝わるのかわからないが、わたしが妻に惚れているというような風評が病棟をまわっていたのだ。

「コンノ、きのうヨシエ看護婦さんと飲みにいったべ」

「コンノ、ヨシエ看護婦さん、好きなんだべ」

辛口のコドモから冷やかされることもあった。

彼女はそのウワサにふれ、不安になったり心を痛めたりしていたのだと思う。元気に話しかけてきたかと思えば、なんとなくこちらを避けているような素振りを見せる。夏ごろからのそんな態度の変化には、彼女の心が反映されているかのようだった。

「スキな人がいるの？」

彼女はわたしに尋ねた。彼女はずっとわたしの目を見ていた。これは、ごまかせない。

「いる……ヨシエ看護婦さんのことがスキなんだ……」

「……ちゃんと伝えてほしかった」と彼女。

「……ゴメン」とわたし。

「交換日記は、もうやめよう」と伝えられた。

その後も彼女とのかかわりは続く。次の年になると、彼女は生徒会で文化委員会の委員長になった。校内放送のプログラムをつくって放送するのがおもな仕事だ。文化委員会の担当教員は、わたしである。

当時、委員会が開かれるのは土曜日だった。だから、その前に担当教員と打合せをしたいと彼女は言う。委員会がある週の金曜日は、たいてい打合せを行った。活動内容を相談し、確認すると、彼女がそれをプリントにまとめる。わたしはそれを印刷して、他のメンバーに配った。こまやかで誠実な仕事ぶりだった。彼女のそうした様子は、わたしに対するその後のかかわり方を表していたと思う。学校での活動をいっしょに行う者同士の新しいかかわりが、少しずつできていく。学校内で、わたしの前で、彼女はキリリとしていた。

後になって妻から聞いたことだが、彼女は、病院の中で顔を合わせることもある妻に対して、イヤな顔を見せたことがなかったという。

学校では、三学期になると「意見発表会」という行事があった。日ごろ考えていることや感動したことをコドモが発表する。卒業を間近にひかえた彼女の論題は「Dreams come true」。実用英語検定に挑戦した自分の経験を引き合いに出しつつ、「みんなも夢をもってほしい、夢はきっとかなうから」と訴えた。

あすなろ養護学校で、わたしがかかわってきたのは、高校生だ。そこには、コドモたちの、いろいろな恋があった。先生を好きになる。看護婦さんを好きになる。看護の実習に来ていた学生さんを好きになる。コドモ同士で気持ちを寄せ合うこともある。

恋はパワーの源にも、心や身体のバランスをくずすもとにもなる。明らかに「はりきってがんばっているゾ、スキな人ができたべ」と言いたくなるようなコドモもいた。反対に「なんであんなこと言っちゃったんだろう」と落ち込むコドモもいる。そういう話を聞くのはトイレが多かった。介助をしながら聞くのだ。

恋には相手がある。うまくいくときもあるし、うまくいかないこともある。それでも、あの、心がザワザワとなったり、キューッとなったり、何気なく聞こえてくる恋歌の言葉に思わず「わかる」と共感したり、いても立ってもいられなくなったり、うまく話ができた後で心が弾んだりするような感動というものを、これほどダイレクトに経験できる機会は貴重だ。

学校と病院というごく限られた生活の場を行き来していた、あすなろ養護学校のコドモたち。「人間関係の幅が狭く、人付き合いがヘタだ」とわたしたちに評されがちだったコドモたち。そのコドモたちが恋をする。うまくいってもいかなくても、どんどん恋をする。そのことが素晴らしい。

「やっぱり、あの人は強いよ、またスキな人ができたって言ってたもん」

一つの恋にやぶれても、また人を好きになっていく、あるコドモについて、同僚が語った言葉だ。

恋をするコドモたちは真剣勝負だ。もしその恋の相手役になったら、やはりこちらも真剣に向き合うのが礼儀だと思う。わたしは、どうだっただろう。

彼女の気持ちが揺れ動いているのは、なんとなく感じていた。でも、どう向き合えばいいいのかわからず、核心のところをあいまいにしていたのだ。そして、最後に「自分には好きな人がいる」ということを素直に伝えた。

　この経験は、あいまいで申し訳なかった部分も含めて、そしてその後の彼女とのかかわりも含めて、わたしにとって大切なものになった。ここぞという局面では、自分自身の気持ちを率直に伝えるほうがいい。恋愛相手というところではかかわりがゆきづまっても、また新しい関係ができていくこともある。

　彼女はいま、札幌に暮らす。この夏、わたしが住む旭川へ遊びに来るという。「できれば会いたいのだけれど」などというメールが先日とどいた。

　彼女が高等部を卒業してから、もう一二年になる。一度だけ、八年くらい前に会ったことがある。そのとき彼女は、当時まだ三〇歳前のわたしを見て、「老っけたねえ」と笑った。今度は何と言われるだろう。

いっしょに遊んで楽しかったよ

コダマ学級のコドモたち

カツヒロ・カンタ・モトくん・ヒトミさん・オグマくん・ヨシカさん・ケーちゃん・サッちゃん・シンちゃん・ヤマイくん・ミカさん・ユウカさん・ヨーちゃん。

岐阜県の小学校で、期限付きの教員を一年一〇カ月間やった。コダマ学級というところに所属し、一年生から六年生までコドモたちは一三人。いちおう三つに分かれていて、それぞれに担任がいた。わたしは一組の担任。でも、朝の会をするときも、給食を食べるときも、何かイベントをやるときも、一三人いっしょで、「みんな仲間」という感じだった。「コダマ」という言葉には、「三つの人数をぜんぶ合わせてもいちばん小さいこの学級の声が、学校中に響きわたりますように」との願いがこめられているという。

冬休みが終わって二週間たったころ、学校を去ることになった。別れる何日か前に、一人ひとりから手紙をもらった。いっしょに組んでいた先生たちが、コドモたちに呼びかけたのだと思う。便箋いっぱいに書かれた手紙も、あっさり軽やかな手紙もあった。

「カントリーロードたのしかったよ。ぼくはがんばるよ。今のせんせいもがんばってください」

カントリーロードは朝の会で歌っていた曲。ヤマイくんは、歌って踊れる小学生だった。

「今野先生がはじめてのときおぼえていますか。カンタくんのめんどうがんばってやたね。プールのくじゃくのおるところで私がつれていくのがたいへんだたとき、今野先生と私がばとんたちして、私はそうじをやっていたね。そうじのとき、いつもいつも私がおしえてあげたね」

世話好きのサッちゃんは、わたしの世話もやいてくれた。

「いろいろころんだり、いじめられたり、ないてたときになぐさめてくれてありがとう」

明るくて元気で、足がちょっと不自由なヨシカさんは、コダマ学級のアイドルだった。

「どこへいくの？　おしえてください!!　かなしいけど、お元気で」

キリっとしたところのある、ユウカさんらしい手紙だった。

「給食をいっしょに食べたことや、先生と遊んだことなど、わすれないでね。私も、たくさんの思い出をわすれません。これからもそうじをがんばります」

ミカさんは、何をやるにもていねい。学級のそうじをするときは、同じグループだった。ほうきの使い方がとても上手だったのだ。

「今野先生は、いつもそうだんあいてになってくれてありがとうね。今野先生がきたら一学期はけんかばかりしてたね。だんだんなかよくなってきたね」

ケーちゃんとは、よくケンカをした。クツの先っちょを踏んできたので、踏み返したらそれでケンカになるという、そういった類のものだった。

「いつもクラブの前とか、ほうかご、すもうとかして、あそんでおもしろかった。ラーメンづくりもほんかく的にやったこと。四年生の時の五時間めに電車をつくってあそんだこと、おぼえてるよ」

オグマくんとは、放課後のちょこっとした時間に遊ぶことが多かった。視力がちょっと弱いオグマくんは、イメージがものすごく豊かで、工作や絵が得意だった。

「こんのせんせい　いっぱいあそんでくれてありがとう。えんそく　うんどうかい　おかいもの　すいえい　とってもうれしいおもいで」

ヒトミさんからの手紙だ。ありがたい言葉が、ヒトミさんの書いた字でいっぱいに並んでいた。お母さんといっしょに書いたのだろう。いつもせっせと絵を描いていたヒトミさん、字も上手になった。

「いままでなんかいかあそんだけど、ぜんぶたのしかったよ。もうあそべないけど、もうおもいでがあるからわすれないよ」

キンキキッズに、パソコンゲーム。みんなより早く流行をキャッチするのがシンちゃんの持ち味だった。

「こんのせんせい　二ねんかんぼくといっしょで　たいへんでしたね。ありがとう。プールにバスケ、いろいろとたのしかったよ」

躍動感のある絵といっしょに、カンタの字が飛びこんできた。「たいへんでしたね」という言葉には、お母さんの気持ちがこめられているような気がした。カンタは元気がよくて、言い出したら聞かない強さもあって、そこが持ち味だった。

「ぼくと、カツヒロくんとカンタくんとヒトミちゃんとケン(剣)であそんだ、コダマいちでの、おもいでをわすれないよ」

「コダマいち」というのは「コダマ学級一組」という意味だ。モトくんは、ひまを見つけてはロボットの絵を描いたり、新聞紙で剣をつくったりしていた。

「今野先生へ。いっぱいあそんで　いっぱいべんきょうして　楽しかったよ。ありがとう」

ヨーちゃんは、遊びにも勉強にもガッツがあった。鼻水が出そうになると、テイッシュペーパーを両方の鼻につめて勉強していた姿を、思い出す。かくれんぼや鬼ごっこも、大好きだった。

「カツヒロのことわすれるなよ。ダムダムゴリラへ　リザードンより」

カツヒロとはよく闘いごっこをした。そんなとき、カツヒロはリザードンに、わたしはダムダムゴリラに変身した。リザードンという名前は、人気アニメのキャラクターからもってきたようだ。ダムダムゴリラという名前は、わたしが勝手に考えた。

学校は生活の場

読んでいて、「具体的だな」と思った。いっしょに遊んだね、わたしが教えてあげたね、そうだんあいてになってくれてありがとう……。一つひとつの場面にコドモたちがいて、わたしもいる。そのことがとてもうれしかった。

コドモたちにとって学校というのは、生活の場ではないだろうか。学校で暮らし、自分なりの居場所、自分なりの楽しみや息の抜き方、自分なりのペースやリズムを探している。つくろうとしている。勉強も、学校生活のなかに含まれている。そして、暮らしのなかにわたしもいた。遊び仲間、そうじ仲間、ケンカ仲間、お世話係仲間、勉強仲間……。学校生活を共にする。ちょっとむずかしい勉強も、ドキドキする発表も、ささいなケン力も、大きなトラブルも、なんとか乗り切っていく。そんな感じで、コドモたちとやっていけないいだろうか。コドモたちの居場所づくりをどう見守る？　一人ひとりがペースやリズムをつかめるようにするためには、どうしたらいい？　楽しみな時間や息抜きの場をどうやって確保していこう？　こうしたことに頭をひねるのも、わたしたちの仕事ではないだろうか。

コダマ学級のコドモたちと出会えてラッキーだった。いっしょにやっていくっていうことがどんなことか、全身で伝えてきてくれた。

あのとき一年生だったモトくんが、この春には六年生になった。

元気な少数派

一日一時間は「遊び」の時間

コダマ学級があった学校のグランドは、とても広かった。そして、グランドのすぐとなりにはアスレチックコースや遊歩道があった。そこは、ちょっとした林になっている。秋口にはマムシが出たりもするけれど、冒険遊びをする場としては格好のところだ。

コダマ学級で働くようになって二年目、わたしが担当した一組のコドモたちは四人だった。工作が得意なモトくん、ボールを持たせたらピカイチの動きを見せるカンタ、すてきな女の子の絵をたくさん描いていたヒトミさん、そしてリーダー格のカツヒロである。カンタ・ヒトミさん・カツヒロの三人とは、二年続けていっしょだった。

一年目、カンタとカツヒロにはよく教室を脱走され、「オマエラ、エエカゲンニセエヨ!」とどなったりもした。そんなときは、自分の未熟さを反省するゆとりもない。いま思い出しても恥ずかしい。

二年目になると、コドモたちもわたしも、学校生活のペースができてくる。モトくんは新一年生、カンタとヒトミさんが二年生、カツヒロが三年生だった。三年分の学年をグイとまたいだ集団だったわけだ。この四人とわたしとで、よく外に出かけた。一日に一時間、「遊び」の時間をつくったからだ。ゲタ箱でクツをはきかえる。男の子三人は、はきかえるやいなや、ダーッとかけていく。

「ちょっと待ってよ、ヒトミさんも行くんだから」と、わたしは大きな声を出す。すると、この三人、たいていは立ち止まり、ヒトミさんやわたしを待ってくれる。

グランドの入口には、プールと体育用具の倉庫がある。カンタはよくそこでボールを取り、手に持って、またグランドを走っていく。

「コンノセンセ、ヤロウ!」

カンタとは、サッカーをしたりバスケをしたりした。カンタは本当に上手だったし、こっちにもボールを回してくれる。だから、楽しかった。

カツヒロとモトくんは、グランドのいちばん奥をめがけて走っていくことが多かった。そこには、古タイヤの遊具、ブランコ、すべり台などがあった。そこで一息つき、わたしを呼ぶのである。

手には、新聞紙でつくった剣を持っていた。新聞紙をクルクルッとまるめてつくるのだが、ピンと先のとがった剣をつくるのはけっこうむずかしい。新聞紙を角のほうから丸めていかなければならない。しかも、一回あたりの巻き幅をできるだけおさえて、何度も何度もていねいに巻いていかなければいけない。そうしないと、先がとがっていても、剣自体にしまりが出ないのだ。カッヒロの手は厚ぼったく、一見すると器用そうには思えない。でも、剣づくりは名人だった。

「オラ、カカッテコイ!」などと、剣を持ったカッヒロは威勢がいい。

「カカッテコイ!」と、モトくんもカッヒロに続いていた。

「ちょっと行ってくるから」と一言カンタに断り、わたしは二人をめがけて走り出す。

「ウオー、ダムダムゴリラだ!」

とはいっても、モトくんはそのときまだ一年生である。身体を持ち上げて、ウオーなどと言いつつ三回転くらいすると、「イタイ、イタイヨォ。ヤメテヨォ」と弱気なヒーローになってしまう。その点、カッヒロはたくましかった。カッヒロたちの拠点、古タイヤ基地の後ろにはバックネットがあった。ところどころ破れていたそのバックネットを抜けると急斜面になっていて、その下に遊歩道がある。カッヒロはこの破れ目をじつにうまく使って、闘いをしかける。

「コノヤロウ、ダムダムゴリラ、カカッテコイヤ!」などとわたしを挑発し、一戦まみえては、ササッと網目から脱け出す。こっちも、カツヒロを追おうとする。でも、網目をくぐるのはたいへんだった。尻が引っかかるのだ。カツヒロは、力の加減がとてもうまかった。パンチにしてもキックにしてもスピード豊かに繰り出し、ヒットする直前に力を抜くのである。みごとだった。

男たちが闘っているとき、紅一点のヒトミさんは、ブランコに乗っていた。闘い遊びはどうにも好きではないらしい。

わたしは合間をぬってはヒトミさんのところに行き、ブランコを押す。ブランコのとなりのすべり台が闘いの舞台になるときは、ヒトミさんも仲間に引き入れられた。

楽しみを見つける力

この学級は活気があった。

「じゃあ、次の時間は図書室に行こうか」とわたしが言う。

「ウオー、ヤッター、トショシツ！　トショシツ！」と男の子三人。

こうしてヒトミさんも含めて五人で図書室へ。モトくんは、乗り物や生き物の図鑑をじっくり見ていることが多かった。カツヒロとカンタは、本を持ってきては、ちょっと見て戻し、また次の本を持ってくる。とても忙しそうだった。ヒトミさんには必ず手に取る絵本のシリーズがあり、よくそれを見ていた。なかでも『シンデレラ』と『不思議の国のアリス』を気に入っていた。カラフルな絵が特徴で、どことなくヒトミさんが描く絵に似ている。四人それぞれに図書室を楽しんでいた。

ほかの勉強でも、同じような調子だった。

「次は国語だよ」とわたし。

「イエーイ、コクゴー!」と三人。

「次は算数ね」とわたし。

「ヤッター!」と三人。

この後で集中力が切れることもある。でも、スタートはいつも素晴らしいのだ。

カツヒロとカンタとわたしとで、プリントの印刷をしたことがあった。製版をして枚数を設定し、印刷機のスイッチを押す。プリントされた紙が勢いよく出てくる。その様子を見たカツヒロとカンタは、「イヤッタァ、スッゲー!」などと肩をたたき合って大騒ぎ。たまたまそばにいた先生が、「よかったなあ。オマエもこんなに喜んでもらえて」と印刷機に向かって話しかけていた。勢いよく校舎を走り回るカツヒロたちを指して、「おまえら、この学校でいちばんえらそうやなあ」と言った先生もいた。

コダマ学級は少数派だ。一組から三組までを合わせても一三人しかいない。その少数派が、えらそうに学校を走り回っている。なんだかうれしかった。カツヒロたちは、グランドにも、林の中にも、図書室にも、印刷機にも、楽しみを見つけていたのだ。学校を舞台にして、存分に動き回っていた。

わたしは、コドモたちの後を追っていくことが多かった。こちらの予定に引きつけようとしてもむずかしい。コドモたちと動き回り、未熟な自分をさらけ出しながら、自由でおおらかで伸びやかな空気を肌で感じ、吸いこんだ。

そして、コドモたちの活力を根っこのところで信頼するようになっていった。あのとき吸いこんだ空気が、いまも循環している。

任期が切れて学校を去ることになったとき、別れを伝える全校放送で、こう話した。

「コダマのみんながのびのびしているこの学校は、とっても素晴らしい！」

コミュニケーション

絵が大好きなヒトミさん

通算一二年目の教師生活で、担任をしたり、学級の所属というかたちでかかわったりしたクラスの中に女の子がいたのは、コダマ学級だけだ。ヒトミさんが小学校一年生と二年生のとき、わたしは担任だった。

ヒトミさんは、よく絵を描いていた。その絵には、一つの雰囲気がある。「不思議の国のアリスに出てくるトランプの妖精のような」と言えば、いいだろうか。立体感がなく、平面な感じがする。

いろいろな服を着た女の子が登場する。ウサギにもアイスクリームにも顔が描かれ、洋服の模様もこまやかに描かれていた。絵に出てくる女の子は、笑っていることが多い。女の子だけではなく、ウサギもアイスクリームも笑っている。手や足はヒョイヒョイといった感じで、簡単な線で描くことが多かった。紙の端っこのほうにいくと、描き切れなくなる。すると、その女の子の身体をくねらせて、うまく紙に入るように調整する。全身を描こうとするのも、特徴の一つだった。全体的にはとても不思議な雰囲気になる。一枚の紙の平面に、女の子たちが並んでいる。カラフルな色が似合いそうだった。

「視線がなかなか合わないけど、このところ合ってきたねえ」

「コミュニケーションをとるのがむずかしいと思ったけど、呼んだら返事してくれたよ」

ヒトミさんについては、そんなふうに語られることが多かった。〈何を思っているんだろう、あの絵にどんな意味があるのだろう〉という、不思議さがあった。

「こっちに行くよ」「トイレはここだよ」「おいで!」というやりとりは、できた。でも、「ほら、花がきれいだね」「きょうは天気がいいね」といったように、いっしょに何かを共感することが、わたし自身なかなかできないでいた。

大きな一歩

きっかけは、一対一で遊んだことだった。

ある日の放課後、マットを敷いた教室でヒトミさんと遊ぶことにした。差し向かいでマットの上に座る。ヒトミさんが、手をアタマの上に上げる。わたしも上げる。ヒトミさんがクビをちょっと右に傾ける。こっちは左に傾ける。向かい合っているので、同じ方向に傾けたことになる。ヒトミさんは立ち上がり、後ろを向く。アシを開いた姿勢から、身体を前に倒す。すると、アシの間というかマタの間から、わたしの顔が見える。同じように、わたしも立ち上がって後ろを向き、マタの間からヒトミさんを見る。

こんなやりとりを続けたとき、ヒトミさんの表情がちょっとだけ変わった。「オヤッ、マネをしているな」といった感じだ。そして、またポーズを変えてきた。今度は、わたしを意識しながら変えている。わたしもマネをして、ポーズを変えた。

この遊びがきっかけになって、ヒトミさんとわたしと、共感できるようなかかわりに少しだけ進んだ。そして、ブランコやすべり台に乗ったり、外でも遊び始める。

この学校は、グランドがとても広い。玄関から出てグランドに入る。ヒトミさんが好きなブランコは、いちばん隅っこにあった。ヒトミさんは、ブランコをめがけてトコトコと走り出す。その横を、わたしも走る。ブランコにヒトミさんが乗る。自分ではこがない。わたしのほうを見て、身体を二度、三度と動かしたりする。

「ヒトミさん、『ブランコ押して』って言って」

「……」

ヒトミさんは、だまっている。

「ブランコ、オシテ」と、わたしは言葉を区切って、また働きかける。

「ブランコ、オシテ」と返事が返ってきた。

「よし、ブランコ押そうか!」

わたしはヒトミさんの背中を押す。

「ヒトミさんも、だいぶ意思表示するようになってきたやないか」

ヒトミさんとわたしとの様子を見ていた先輩教師の一人から、そう言われた。

もっとも、一対一での遊びをきっかけにして踏み出した一歩は、それがカベになるという意味でも、わたしにとって大きかった。いま思うに、二歩目を踏み出すことがなかなかできなかったのだ。ヒトミさんの世界がぐんぐんわかるようになっていった、というわけではない。

ただ、ヒトミさんの学校生活そのものは一つひとつ豊かになっていく。彼女は、わたしとのかかわりという小さな世界を超えて、もっと大きな世界に入っていった。

それぞれの交わり

コダマ一組の中で、女の子はヒトミさん一人である。でも、二組と三組には女の子たちが六人いた。休み時間にはその子たちと過ごすことも多かった。

「昼休み、ヒトミさんと、ヨシカさん、ミカさんの三人が教室にいました。何をするでもなく、たたずんでいるように見えました。そして、ヨシカさんとミカさんが窓のそばに行くと、ヒトミさんもその後についていき、窓の外を見ています。二人がベランダのほうに行くと、ヒトミさんもベランダのほうに行きます。そのヒトミさんの姿が、わたしには自然なものに見えました。仲のいい友だちにくっついていくといった感じに見えました」

学級通信で、ヒトミさんの様子をそう伝えたことがある。

「うん、そうだよ。だって、ヒトミさんとわたし、友だちだもん」

「ヒトミさんと仲いいね」とわたしが声をかけたとき、ヨシカさんはそう言った。

交流学級のみんなとも、ヒトミさんはかかわっていった。音楽と体育の時間、そして週に一回だけ給食の時間を、ヒトミさんは交流学級である二年二組のみんなと過ごす。四〇人近いコドモたちといっしょに、勉強したり給食を食べたりしていたのだ。

ヒトミさんを迎えに来てくれるコドモたちがいた。交流の時間になると、「ヒトミさん行くよ」などと声をかけてくれる。

「いい感じになってきたよ。最近コドモたち、ヒトミさんも自分たちもいっしょで、ヒトミさんはヒトミさんのところでがんばってるんやなって、そう思ってるみたい」

交流学級のカタヤ先生から、そんな言葉をもらった。

交流学級のコドモたちが昼休みに、「いっしょに遊ぼう」と、ヒトミさんを誘いに来てくれることもあった。それから、ヒトミさんが描いた絵に色をつけ、共同作品をつくるなんていうこともあった。

「ヒトミさん、ダシにつかわしてもらってるから」

カタヤ先生はよく、ちょっとズルそうな顔をして、そう言っていた。ヒトミさんをダシにして、自分の学級のコドモたちがいい思いをさせてもらっている、といったニュアンスである。「いい思い」というのは、ヒトミさんも自分たちもいっしょなんだっていうことを、共に過ごすなかで実感しているというような意味だろうか。

交流学級のコドモたちやカタヤ先生、ヨシカさんやミカさん。それぞれのところで、ヒトミさんとの豊かな関係ができていた。

おおらかであること、こまやかであること

最初にヒトミさんと出会ったころのわたしは、かかわるキッカケをなんとかつかもうとしていた。彼女へのアンテナがピンと張っていた。だから、ちょっとした反応がとても新鮮で、うれしく、何かを発見しているような手応えがあった。

ある程度かかわりができるようになると、「もっと、もっと」という気持ちになる。言葉をもっと増やそう。絵のほかにも興味をもてるような活動を探そう……。すると、ヒト

ミさんにあれこれやらせてみようという思いが出てくる。そして、わたしの思うとおりに事が運ばないと、〈文字の練習をもっとさせようと思っているのに、そのプリントに絵を描いている〉と、彼女をおさえようとする。「ヒトミさん、いまは絵を描く時間じゃないでしょ」と。

アンテナの張りはなくなり、ヒトミさんの世界に近づいていこうとするのではなく、自分がイメージする「ヒトミさん像」に彼女を近づけようとしたのだ。おおらかさと、こまやかさが、わたしには足りなかった。

ヨシカさんたちや交流学級のみんなは、ヒトミさんといて楽しそうだった。ヒトミさんといっしょにどんなことができるだろう、そこからどんなことを見つけられるだろう。そんな雰囲気を、ヒトミさんをまるごと包むようなおおらかさを感じた。わたしとの違いはそこだと思う。

そして、こまやかさ。ヒトミさんの表情、仕草、たくさん描いていた絵、ブランコの乗り方、好きなもの、好きなこと。もっとていねいに見ていけたはずだ。しっかり目を凝らすことで、一つひとつヒトミさんを知っていけたはずだ。わたし自身、どんなときに、どんなふうに、ヒトミさんとかかわっていたのだろう。ヒトミさんへと向かう「わたし」をもっとこまやかに振り返ることができていたら、気づくものがたくさんあったはずだ。

コドモを理解していくというのは、コドモの世界に近づいていくというのは、むずかしい。そのむずかしさとは、教師やオトナを生きる、わたし自身のかかわり方である。あれから少しは成長しただろうか。

ヒトミさんはいま、中学生だ。もう、わたしのことは忘れただろうか。

ちょっと頼りないけど

コダマ学級にいたころ、わたしにはもうひとつの顔があった。「飼育委員会担当」である。実を言うと、動物の世話は苦手だった。

しかも、この学校には、バボという気の荒いニワトリがいた。エサをやりに小屋へ入る人間に、闘いを仕かけてくるのだ。被害者は何人もおり、飛びげりをされたり、くちばしで手をつつかれたりした。「ニワトリが飛びげりなんて」と思うかもしれない。だけど、ウソのようなホントの話である。

ある昼休み、わたしはバボにエサをやろうとして、小屋の入口でウロウロしていた。小屋の中に入っていけなかったのだ。右手にエサを持ち、左手にはほうきを持っていた。バボが飛びかかってきたら、それで追い払おうと考えていたのだ。

すると、オチアイさんという六年生の女の子が小屋にやって来た。彼女は、飼育委員歴二年目のベテランだ。ウロウロしているわたしを、「ナサケナーイ」という感じで見つめ、

「出ていきな」とばかりに、アゴをしゃくったのである。わたしはスゴスゴと退散してしまった。そんなオチアイさんとわたしだったが、なぜかその後の相性はよかった。

　ほかにも、いろんなコドモがいた。「ニワトリの足から血が出てる！」と大あわてで知らせにきてくれたコドモ。そのときは、保健室から消毒薬とガーゼとバンソウコウを借りて応急処置をした。「センセイ、キンケイ（金鶏）がいません！」と走って知らせにきてくれたコドモもいた。彼女はふだんとってもおとなしくて、ほとんど声を聞いたことがなかった。でも、〈これは伝えなければならない〉と心が動いたのだろう。実をいうと、そのキンケイは、わたしが誤って逃がしてしまったのだけれど……。

　飼育委員になったにもかかわらず、アヒル小屋やニワトリ小屋に入ることができないコドモもいる。そんなときわたしは、ニヤリと笑い、おおいにいばって、「そんなことじゃあ、いかんなあ」と叱咤《しった》した。ニワトリの治療をしたり、小屋から逃げ出したアヒルに飛びついてつかまえたりして、そのころにはわたしも慣れていた。

　アヒルやニワトリが産む卵を楽しみにしていて、「タマゴってコウモンを通って出てくるんだって」と教えてくれたコドモもいたし、当番をさぼってわたしに追いたてられたコドモもいた。ただ、六年生ともなると、コドモによっては態度と身体がデカイ。そんなときは、こっちも足の親指の先にグッと力を入れ、「さぼっちゃイカンぞ！」と向かっていく。

そして、オチアイさんも含めて、学校生活のなかで飼育の仕事にやりがいを見出しているコドモたちがいた。そういうコドモたちが仕事をしているときの表情は、ひたむきだ。〈飼育の仕事なんてテキトーにやって早く遊びにいきたい〉。これも、コドモたちの自然な気持ちだと思う。その一方で、わたしなどほとんどあてにせず、もくもくと動物の世話をするコドモたちもいる。どこでもいいし、何でもいい。学校のなかに居場所が、「これは」という活動が、あればいい。飼育の場がその一つになるのなら、それはとてもいいではないか。

結局わたしは一年間だけ飼育委員会を担当した。昼休みの四〇分間はたいていつぶれたけれど、コドモたちといっしょに動き回る爽快感があった。ケガをしたクジャクを抱きかかえて、動物病院に連れていったときもある。それまでの自分には考えられないことだった。せわしなく動き回りながら、自分らしさとでもいうべきものを感じていた。コドモたちといっしょに活動していると、心も身体もフットワークがよくなる。ノッてくるというやつである。そんなときなら、クジャクのけっこう立派な爪だって、羽根をバタバタさせて動き回るアヒルだって、とてもたくさんのフンだって、なんとかなる。やればできるのだ。

三月、卒業式を間近にひかえ、六年生が会食パーティーを開いた。「呼んでやるからね」とオチアイさんに言われ、とてもおいしいサンドイッチをごちそうになった。そのときなぜか、コドモたちのメッセージが書かれた色紙をもらったのである。そこには、彼女のこんな言葉があった。

「ちょっと頼りなかったけど、いつもわたしの話を聞いてくれてありがとう」

彼女から、何かについて相談されたことはなかった。きっと、飼育の途中で話をしたのだろう。「エサがないけど、どうしよう。だれがどこの小屋を掃除しようか。委員会の話合いをどうやって進めようか」といった話だったと思う。

卒業式の日、オチアイさんは、彼女の親友でもあり飼育仕事の相棒でもあったヨシカワさんと、もう一人の友だちハイバラさんと三人でニワトリ小屋を掃除し、学校を巣立っていった。

混じり合ってバカをやろう!

超特大パフェに挑む!

春ノ光養護学校の中学部三年生で修学旅行に出かけた。場所は札幌だ。

二日目の自主研修は、大通り公園の地下街にあるナガサワというカフェへ男七人で繰り出した。目的は、ここの名物・超特大パフェ「ミラクルワールド」への挑戦である。

金魚鉢を思わせるような、直径三〇センチ弱の円形ガラス皿に入ったミラクルワールドは、ウワサどおりのボリュームだった。作り方を想像するに、まず、金魚鉢皿に果物混じりのスポンジケーキをギュッとつめるのだろう。その上にバニラアイスクリームを載せていく。とくに、中央部はたっぷり載せる。次に、ソフトクリームとカプリココーンを各四本ずつ、中央部に立てる。そして、補強とデコレーションをかねて、生クリームをたっぷりぬる。仕上げは、ソフトやカプリコのタワーを取り囲むように、プリンとミカンゼリーとイチゴを置き、ところどころにピンクのワタアメをちぎってふりかける。

値段は三九〇〇円。ウエートレスさんが運んできたときには一五センチ程度の棒状花火もささっており、パチパチと火花をちらしていた。

メンバー七人中、生徒は三人。アイスクリームの類はキライなのに、なぜか付き合うはめになったトシキ、食が太いと定評があるモトヤ、みんなで盛り上がるのが大好きなリョーイチ。一方、教師は四人だった。気はやさしくて力もちのカワハラ、コドモ好き・イタズラ好き・何をするにもテッテイ的なニシ、こまやかな心配りで旅行団食事係を務めるフクヤマ、そしてわたしコンノである。

特大パフェを前にして記念写真を撮った後、モトヤとリョーイチが最初の一口を食べた。特大パフェへの挑戦とならんで、この研修のもう一つのテーマは、モトヤとリョーイチの大食い対決だった。ところが、モトヤはこの日、体調が十分ではなかった。一時は、旅行に参加できないかもしれない、とみんなを心配させたほどだ。それで、わたしたちの目標はミラクルワールドの制覇にしぼられた。モトヤは、ときおり首をユラユラと振りながら、少しずつ食べていく。一方リョーイチは、勢いにまかせて、せっせと食べていく。

上達した食事の介助

わたしは、リョーイチの介助をしていた。「チョウダイ」という声に応じ、柄の長いスプーンにクリームやアイスを載せて、口へ運び入れるのだ。リョーイチは、自分の意思とは別のところで身体に緊張が入る。グッと筋肉が固くなり、腕がピンと伸びたり、クビがグンと前に出てきたりする。相当なエネルギーを使うと思う。絶えず筋力トレーニングをしているような感じではないだろうか。実際リョーイチの身体は、鍛えぬいたボクサーのように、スリムで筋肉質だ。

リョーイチの介助歴三年のわたしは、食事・トイレ・着替えと、学校生活のいたるところでコンビを組んできた。自己流な面はあるが、「うまくなったよねえ」という言葉をリョーイチからもらうこともある。たとえば食事を介助するときは、車イスの後ろに位置どり、左手を使って顎《あご》と頭を軽く押さえる。そして、彼の首の動きに合わせつつ、ここぞというときは口元が動かないように力を入れ、右手を使って口に食べ物を運ぶ。

リョーイチは、快調にミラクルを攻めていった。プリンに生クリームを載せて一口、次はゼリーと生クリームを載せて一口、そしてアイスクリームを載せて一口。何を食べるのかは、わたしが選んだ。

しかし、だんだん心配になってきた。なにしろ、かなりのハイペースである。この勢いは、そう続かないだろう。〈一度ペースが落ちたら、歯止めがきかないのでは〉と思いながら、となりのモトヤを見ると、定評どおり彼は着実だった。モトヤも、食べるには介助を要する。カワハラとフクヤマが交代で彼についていた。

ぐったりトシキと征服者たち

二人が挑んでいる一方で、トシキはみんなからやや離れたところにいた。ニシの話によると、カプリココーンのニオイをかいだだけで、グロッキー状態になったらしい。

「幸せなら手をたたこう」が大好きなトシキの研修テーマは、坂本九さんのCDを探しあてること。そして、目標どおり、地下街のCDショップでゲットしたのだった。歩き回った疲れもあったのだろう。店の片隅で、本当に顔を伏せてぐったりしていた。その姿は、三次会で酔いつぶれて寝ている人にそっくりだ。トシキは、何かにつけて表現そのものが豊かである。こんな状況でも、みごとにその「ぐったり具合」を表していた。

「トシキ、なんてオモシロイやつなんだ」

ニシは、そんなトシキの姿をシャッターにおさめた。

中央のタワーを攻め落とし、周辺部や土台部分の攻略へとポイントを移していたころだったろうか。リョーイチが弱気な言葉をはいた。

「もう、つらくなってきた」

すぐさま、鮮やかにカワハラが切り返す。

「エッ、リョーイチくん、お腹がすいてきたの」

「そうだよねえ。これからだよねえ」

わたしやニシも、とぼけたように言った。

リョーイチは苦笑いを浮かべ、「タベマスヨォ」と言って、再び食べ始めた。

わたしもがんばったが、胃のあたりが少しずつ重くなっていく。

勝負は後半にさしかかった。モトヤは無理をせずに、腹を休めていた。中心部のタワーは、カプリコを一つ残すのみになり、フクヤマがパクリと一口で始末する。プリンやゼリーもほとんどなくなり、ワタアメはもう食べた。残るは、土台を築いていたスポンジケーキと、すくいこぼれたアイスクリームおよび生クリームだけである。

「もう、きびしいな」

「いや、ここまできたら、いけますよ」

そんな言葉が飛びかうなか、わたしたちは最後のがんばりを見せた。リョーイチは出だしのペースは落ちたものの、生クリームやスポンジケーキを腹に入れていく。みんな疲れていたが、口を動かすのは止めなかった。

「もう、いいかな」

「これは、いったでしょう！」

フクヤマとニシが言った。挑戦は終わったのだ。

「やった」「やったな」

はしゃぐのとは違う、落ち着いた満足感があった。

「記念写真を撮ろう」

空になった金魚鉢皿をリョーイチとモトヤの間に置き、奥にうつぶしているトシキも入るように構図を工夫しながら、ニシがシャッターを押した。

その後に入ったトイレの中でリョーイチが言った。

「面白かったね。オレ、いちばんタベタヨネ。六割、うーん五割は食べたよね」

「そうだな。リョーイチ、がんばったよ。リーダーだったもんな」

わたしは、そう答えた。本当に五割食べたのかどうかは、わからない。でも、リョーイチはすごかった。特大パフェを食べるというのは、もともと彼のアイディアだった。言い出しっぺが、そのオトシマエをきっちりつけたのだ。

「水飲まないで食べたのが、よかったんだよね」

リョーイチはなおも話し続けた。

養護学校だからこそ

コドモも教師も、パフェが好きな人もきらいな人も、車イスを使っている人も使っていない人も、ちょっと疲れ気味の人も、みんながいっしょになって、混じって、何かをする。そのなかで、助けのいる人に援助できる人が、必要なだけ手を貸す。そんな感じの、特大パフェをネタにした、バカバカしくも楽しい活動だった。

養護学校の弱点は仲間とバカをやる経験に乏しいことだ、とわたしは本気で考えている。それぞれのコドモには、生まれた地域がある。もし、地元の学校に行って、近所の友だちに混じって、ケンカと仲直りを繰り返しながら生活でき、それでいて必要な学習やリハビリが保証されていたら、どんなにいいだろう。それは、養護学校のコドモにとってだけではなく、地元の友だちにとっても、いや地域に住む人みんなにとって、いいだろう。

コドモたちは地元を離れて、養護学校に入る。入学にあたって、お母さんやお父さんたちは、とても大切な決断を下す。そして、それぞれに応じた学習内容やリハビリを受ける。わたしたちはそれを保証しようと格闘している。しかし、人と人とのかかわりという面では、不自然さがどうしても残る。春ノ光養護は、肢体不自由のコドモを対象にした養護学校ということになっている。「肢体不自由」と認定されたコドモたちだけが集まる。

いろいろな人がいて当たり前、みんな違ってみんないい、という発想とは逆をいく。

そうした環境のなかで失われるものの一つが、いろんな人にもまれるなかから仲間をつくり、何かに長《た》けた人もそうでない人も混じりながら、先生や親とは独立したところで成長していくという経験だ。「あのとき何やってたんだろう。バッカだよなあ」と語ることのできる経験から育まれるものがたくさんある。

ところが、足かけ三年リョーイチたちとかかわっていると、彼らの口から同じような言葉が出てくる。楽しいことをやったあと、「オレたち何やってんだろうね、おバカだよねえ」なんてことを言う。

コントを交えての学級紹介イベント、休み時間を確保するための作戦会議、忘年会に新年会、映画の撮影、学期末打上げライブの決行……。思えば、ささやかながらもやってきたことがいくつかある。生徒も教師も、コドモもオトナも、介助されるほうもするほうも、混じり合って活動してきた。養護学校のなかでもできるのだ。いや、養護学校だからこそ、やっていきたいのだ。

特大パフェに挑んだ経験は、わたしにとってもいい思い出になった。きっと、一〇年くらい後にリョーイチやトシキやモトヤに会ったとき、「あのとき何やってたんだろうね」と話ができるだろう。

トイレを出てみんなと合流し、集合場所に向かいながら、リョーイチが話しかけた。

「ニシセンセイ、面白かったね」

「なんか、先生も充実感があるなあ」

ニシの言葉は、みんなの気持ちを代弁しているかのようだった。

ふつうの人はいない

かけひきと折り合い

授業というのは、ちょっとしたかけひきの連続だ。自分は、どんなかけひきをしているのだろう。そんな問題意識から、授業の記録をもとに自己分析したことがあった。コダマ学級にいたころだ。コダマのコドモたちは手強かった。

「絵本を読もうか。好きな本を持っておいでよ」と言うと、本棚にある五〇冊くらいの本を次々とわたしの目の前に積み始める。「あれ？　あれれれ」という感じだ。これでは積み木遊びである。だんだん腹が立ってきて、「これ、しまいなよ！」と怒った。でも、コドモたちは楽しそうだったのだ。

こんなこともあった。国語の時間が始まったけれど、五年生のヤマイくんが教室に戻ってこない。探してみると、中庭にある水飲み場にいた。こわれかけている水槽に水を入れ、水槽の裂け目から出てくる水をじっと見つめている。その後は、排水口に自分のハンカチをつめこみ、水をさえぎった。そして、力強く言ったものだ。

「ジッケンしてた」

このとき、「さあ、もうチャイムは鳴ったんだから、教室に戻らないとね。休み時間は終わったんだよ」と言っても、ヤマイくんにはとどかない。ジッケンと国語のプリント、彼のなかでどちらが重要なのかは、とてもはっきりしている。

同じような場面で、わたしは何度も失敗してきた。失敗というのは、「もう休み時間は終わったんだ」とヤマイくんをムリヤリ教室に引き戻そうとすることだ。そうやっても、彼は全身で抵抗する。それでも、わたしのほうが力は強いから、ともかく教室に戻すことはできる。しかし、勉強はしない。

コダマ学級に入って二カ月、融通がきかなくて不器用なわたしにも、そういう失敗がようやくわかってくる。そんなある日、ヤマイくんの気持ちがある程度みたされるのを待ってから、二人で教室に戻った。そして、わたしは、「ぼくは、ジッケンをやった」とさっきの様子を黒板に書き、ノートにそれを書き写すように促したのだ。

こちらのやりたいことだけを押しつけても、通用しない。コドモたちには、コドモたちのペースがある。そのときに、やりたいと思っていることがある。ヤマイくんには、ヤマイくんの感性とアンテナがある。そう考えるなら、コドモたちの意思と、わたしが「してほしいもの」とが合わないのは、むしろ自然である。そこをどう調整していくのか、どう折り合いをつけていくのかが大切だ。

夢中になっていたジッケンをある時点でやめて教室に戻ったヤマイくんと、ヤマイくんの活動に区切りがつくまで待っていたわたし。授業というのは、コドモと教師とがお互いの意思をつき合わせながら共同でつくっていくものだ。そこには多少なりともかけひきがある。わたしはそう考えるようになっていった。

コドモも教師もいっしょになって考える授業

では、かけひきがうまくいったとして、折り合いがうまくついたとして、その先にめざすものは何だろう。

コドモたちをうまくのせられた。設定した目標に沿って進められた。そうしたスタイルでの授業もあるだろう。わたし自身、大半の授業は、「この勉強をするよ」とコドモたちに課題を示して、進めている。

しかし、別のやり方もあるだろう。答えが一つではない問題があって、コドモも教師もいっしょになって考えていくような勉強。コドモたちの発想が予測できず、アイツらはどんなふうに考えるのだろうと楽しみになるような勉強。そうしたスタイルでの学び方も、あるのではないだろうか。

ある年の秋、春ノ光養護学校で「バリアフリーについて」というテーマを授業で取り上げた。コドモは、マモル・リョーイチ・ケンタの中三トリオ。三人とも脳性マヒのために身体の動きが不自由で、車イスを使っている。教師は二人、担任のタダミ先生とわたし。世界のバリアフリー事情について調べたり、近くにある大学の先生にみんなで話を聞きにいったりした。

そして、わたしが担当している社会科の時間に「ディスカッション・ライブ」をやった。「ぼくたちのバリアフリー」を出発点に、ディスカッションしていくのだ。

まず、見学した大学にあったエレベーターの広さや、構内にあるスロープの傾斜などが、話題にのぼった。続いて、「自分たちはもっと外に出ていかなければいけない」という話題になり、「家族と離れて旅行をしてみたい」と三人とも口にした。

「だったら、家族はバリアなんだね」と、わたし。

「そうじゃないよ。家族を基本にして、一歩前に行きたいんだよ」とコドモたち。そして、リョーイチがまとめた。

「家族も必要不可欠、友だちも必要不可欠」

みんな何かを抱えている

五回目のディスカッションをする前に、ケンタが言った。

「『ふつうの人』は『障害者』をどう見ているかって、話してみたい。オレ、それなら話すことあるよ」

このテーマを出したときケンタは、「デパートへ行ったときにイヤな思いをしたことがある」という自分の経験を引き合いに出した。ケンタは、「障害者」という地点から、「ふつうの人」について話そうとしているのではないか。わたしはそう判断して「『障害者』から見た『ふつうの人』」と黒板に書き、これをテーマにしようと提案。三人とも了承した。

ただし、このときわたしがスッと行ったテーマの読み替えは、翌日のライブの伏線になった。じつを言うと、ケンタが「『ふつうの人』は『障害者』をどう見ているかって話してみたい」と言ったとき、わたしはちょっとした違和感を抱いた。ケンタが後に続けた話から考えると、なぜ「『障害者』が『ふつうの人』をどう見ているか話してみたい」と言わなかったのだろう。言葉にすれば、こんな違和感である。

だが、〈変だな〉という感覚にこだわることなく、わたしは話を次へと進めてしまう。そこには、ケンタたちは当然「障害者」というところに自分を位置づけるだろう、という先入観があった。また、「『障害者』から見た『ふつうの人』」としたほうが、より率直に話ができるだろうという思惑もあった。

そして、ライブが始まってまもなく、「障害者」と「ふつうの人」という、前提にした区別そのものが大きく揺さぶられることになる。ケンタがこのテーマを出した時点から、ディスカッションは始まっていたのだ。

このディスカッション・ライブは、研究授業というかたちで公開された。当日、客の入りは上々。ケンタたちを取り囲むように、参観に来た先生たちの輪ができていった。途中で出入りはあったけれど、三〇人から四〇人はいただろうか。

まず、わたしが切り出す。

「こういうテーマをね、どうして出したのか、っていうところから始めようと思って」

続いて、ケンタが話し始めた。

「ふつうの人はね、デパートとか行っても、介助とかあまりしてくれなさそうな気もするんですよ。親切な人もいるけど、手伝ってくれない人もいるから。そこのところを」

ケンタから見た「ふつうの人」。そのイメージが少しずつ伝わってきた。と、そのときだ。リョーイチが言った。

「でもさあ、オレは違うと思うんだ。この世に、ふつうの人は、いないと思うんだよね。みんなさあ、何かかにか抱えてると思うよ。オレの場合、それが障害なんだっていうこと」

ピンとした空気が教室に張りつめた。

「抱えてるっていうことが、抱えてることも、ある人は障害を抱えてるっていう……」

整理がつかないままに、わたしはリョーイチの言葉を繰り返す。

ちょっとした間があいた後、わたしは「深いなあ」と思わずつぶやく。緊張が一気に緩み、笑いが起きた。「今野先生、笑われてるよ」とケンタ。

マモルには、リョーイチの言葉はやや異なる観点で受けとめられた。

「やっぱり、障害者っていうのは、ふつうの一般社会の人たちから見て、イヤなふうに思われてると思う。車イスに乗ってる、じゃないですか。で、どうしてもふつうの人たちより動けないから、障害者ってツライのかもしれないって思われてるのかもしれない。何年か前にデパート行ったときに、かがんだじゃないですか、前に」

マモルは、上半身を前かがみさせながら話を続ける。

「こう、かがみますよね。そしたら、お客さんが通りかかって、『大丈夫かい』って聞いたんですけど」

さらに、マモルは話し続けた。

「もうひとつは、デパートなんか行って、小さい男の子が近くまで来て、オレを見るんですけど。『どうしたんだろ？　このお兄ちゃん』って思われてるかもしれません。何回かそういうことありましたよ」

そこまで言って、マモルは一区切りつけた。「どうしたんだろ？　このお兄ちゃん」のお兄ちゃんというのは、マモルのことだ。マモルを見つめるコドモの不思議そうな表情が目に浮かんだ。

マモルの発言をきっかけに、話題は「視線」へと移っていく。リョーイチにもケンタにも覚えのある話だった。

「フッと上を見ると、人の顔があるわけよ」とリョーイチは言う。そんなとき、リョーイチも相手の顔を見るという。

「見る。それで、その相手が良さそうか悪そうかを判断する」

「オレも見るよ。表情がやわらかかったら、話できそうな気がするんだよね」とケンタ。

「やっぱりね、笑顔が大事だね。笑顔できたら、笑顔で返すのがいい」とリョーイチ。

そして、ケンタがしめくくった。

「笑顔だったら、そのなんかエネルギーになると思うんだよね。うちら笑顔で返せば、イヤなことも忘れる」

ケンタの言葉をまとめるように、「笑顔のエネルギー」とわたしがホワイトボードに書く。チャイムが鳴り、四〇分のディスカッション・ライブが終わった。

学び方はいろいろ

「思わず参加したくなったよ」

「今度は入れてよ」

何人かの先生が言った。ライブを終え、マモルたちも満足そうだ。

「この世に、ふつうの人は、いないと思うんだよね」というリョーイチの言葉に、わたし自身ドキッとさせられた。また、「みんなさあ、何かかにか抱えてると思うよ」と言ったリョーイチの真意は、どこにあったのか。教師の反省会でも、リョーイチの発言が話題の中心になった。

「メガネをかけている人もいるし、かけてない人もいる。一〇〇メートルを一〇秒台で走れる人もいるけど、ほとんどの人はそんな速さでは走れない。みんな、それぞれ。だから、どこに基準をおくかってことじゃないかな？　一〇秒台でビュンと走るような人だけに都合よく道路ができていたら、みんな困るし、メガネをかけていない人にだけ都合よく身のまわりのモノが並んでいたら、メガネの人は困るし……」

「それぞれに背負っているモノがある。いろいろな悩みや病気や。リョーイチはそのことを言ったんじゃないかな。スゴイなって思った」

リョーイチの言葉。車イスに乗っている三人に投げかけられる視線。三人が投げ返す視線。笑顔のエネルギー。どれも、まだまだ話をしていきたい問題だ。コドモも教師も、共通の土俵で話し合っていくことのできる問題だ。こういう勉強もある。学び方はいろいろだ。

かけひきから対話へ

肩肘を張らない気楽さ

ディスカッション・ライブをもう一回やることにして、わたしは呼びかけた。

「リョーイチの『ふつうの人はいない』という言葉を掘りさげよう。みんな自身のバリアフリーについても聞かせてくれ」

「オレが思ったのは、きのうの心ない一言っていう……」とリョーイチが話し始めた。「きのうの心ない一言」とは、五回目のライブの前日、担任のタダミさんが紹介した作文のことだ。それは、アトピー性皮膚炎と向き合っている一人の中学生が書いたものだった。幼いとき、湿疹《しっしん》が出ている自分の顔を見た通りすがりの人から、「なに、あの子の顔」という言葉を浴びせられたという。このエピソードは、リョーイチはじめ三人の心に残ったようだ。

「オレが思うのは、ふつうの人と障害者って、あんまり違わないんじゃないかなあ。人間だから、人には変わりないんだから、それぞれをけなしたり、そういうことはよくない」

「すると、障害者とふつうの人っていう区別はあまり意味がないんじゃないかっていうことになるよね。みんな人間なのだから」とわたし。

「でもさあ、区別するのはよくないことだけど、逆に必要なんじゃない。ふつうの人と障害者の区別が、あの、なかったらないで、なんかツライっていうかな、そういう面もある。いいこともあるというね。決してムダなことじゃない」

マモルのこの言葉にもまた、考えさせられた。わたしはマモルに問いかける。

「どんな点でムダじゃなかったり役立ったりするの?」

「ふつうの人たちってのは、歩いてるでしょ。で、歩かなければなんないし、手伝いもしなきゃなんない。いいことってのは、施設にいて、ご飯のしたくから着替えまで、まあ最低限は自分でやるんだけど」

三人のうちマモルだけが、療育施設に入院しながら学校に通っていた。施設暮らしは、もうじき九年になる。一方ケンタとリョーイチは市内の自宅から通学している。

自分たちは、手伝ってもらうときが多い。実際、「障害者」という区別があることで、いろいろとサポートしてもらっている。でも、自分たちでやれることはやらなくちゃいけない。マモルが言いたかったのは、そのあたりのことだろうか。このライブからしばらくたって、マモルが言った。

「『障害者』っていうのがあったほうが、気がラクなんだよね」

「障害者」という言葉がレッテルになる場合もある。でも、一方では、その人のありようを表す場合もあるということだろうか。

身体の動きが不自由である。だから、食事のしたくから着替えまでサポートを必要とする。視力の低い人にメガネが必要なように、身体の動きが不自由な人にはサポートがいる。視力が低くてメガネをかけている人を「近眼」と呼ぶように、身体の動きが不自由でサポートが必要な人を「障害者」と呼ぶ。「近眼」の人が、「自分は近眼ではない。みんな同じ人間じゃないか。そんな区別は意味がない」と力んで主張しないように、「障害者」という言葉についても肩肘を張らない。マモルが言わんとした「気がラク」というのは、そういうことではないか。

障害者はムリして健常者にならなくていい、そのままの自分でいい。こんなメッセージがある。障害者と健常者との区別を積極的に受け入れたうえで、障害者である自分自身の持ち味を生かしていこうとする人たちがいる。

「歩けなくて、よかった。車イスに乗ってるからこそ、自分の話は説得力があるんだ」

これは、自立生活運動に取り組む人が語った言葉だ。

マモルの言葉に、そうした奔放なニュアンスがあるようには思えない。でも、区別は必要なんじゃないか、そのほうが気がラクなときもあるという考え方は、より積極的な意味に展開できるのではないだろうか。

限界を無限に越える

「区別が必要なこともある」というマモルの言葉に対して、わたしはケンタに意見を求めた。

「あのね、障害者との区別はあるさ。だってウチら歩けないでしょ。今野先生は歩けるでしょ。わたしたちもね、こういう人間にね、生まれたいから生まれてきたわけじゃないんだよね」

やや早口でケンタが言った。

「今野先生は歩けるでしょ」と突き放すように言う言葉と逆のことを、ケンタはよく言う。授業の変更などを急に伝えたときなど、「今野先生、なんでオレたちに前もって言ってくれなかったの。三年間いっしょにやってきたんじゃない」と言うのだ。そこには、〈オレたち仲間じゃない、いっしょじゃない〉というニュアンスを感じる。しかし、この

「障害者」をめぐる問題では、ケンタとわたしの間に線が引かれたようだった。歩けるか歩けないかでは違う。その違いをケンタは見つめていたのだ。

三人のなかで、介助をいちばん必要とするのはリョーイチで、いちばん身体の自由がきくのはケンタだ。この尺度で見ると、マモルは二人の中間に位置づけられるだろう。その一方、「ふつうの人」はいないと言い切る自由さは、リョーイチがいちばんだった。マモルとケンタは、自分たちが「障害者」であることを受けとめたところから語っているように思う。リョーイチがつきぬけた「ふつう」と「障害」のカベ。施設暮らしのなかでマモルが実感していること。ケンタが根っこのところでもっている、歩けないことへの思い。どれも尊い。

「いろんなことがんばってマスターすりゃあ、自分の生活ラクになるっしょ。がんばれば、こう達成感がわいてくるんだよね。『やる』と『やんない』は違う。いま、この腹筋のトレーニングやってんだけど、そのやったっつうのが、いつかこう、やってよかったなっていうときが来ると思うんだよね。リョーイチもな、電動車イス、ビュンビュン爆走させて、いろんなとこ行ったほうが楽しいじゃん。さっきのアトピーの中学生の話、変な顔って言われたのはね、言われた人にとっては非常にイヤなことだと思うんだよね。もし治療して治るんだったら、その人いまもたぶんがんばってると思うんだよね。みんなと同じなかで暮らしていきたい、やっていきたいって気持ちはあるんだよね。その中学生の人にも。みんなもそうだよ」

ケンタがさわやかに言うと、口元をニヤリとさせてリョーイチがうなずいた。リョーイチは、少しずつ電動車イスの運転にもチャレンジしようとしているのだ。

「限界ってあると思うんだよね。できることにも限界ってあると思うわけよね。それを、無限に広げることが必要だと思うんだよね。越える。越えていけば、きっと社会が広がるからさ」

限界を無限に越える。リョーイチの言葉だ。

「ツライから楽しい人生もある」

マモルは、そう言った。

自分たちの活動を無限に広げるという自由さ。ツライから楽しい人生もあるという強さ。みんなと同じなかで暮らしていきたいという願い。ここに大切なことがある。

三人の話は、バリアフリーの具体的な実践という点では未熟な面があると思う。でも、バリアフリーを具体的に進めていったときの、その行きつく先にあるものを見通している。三人の言葉は元気よく伸びていった。

コドモと教師が共に学ぶ

六回にわたるディスカッション・ライブを終えたときは、三人とも満足そう。「いい記録を残せた」とマモルは言った。

どんな話題がどんなふうに取り上げられていくのか、やってみないとわからなかったし、それが面白くもあった。わたしからの問いかけで始まることが多かったのは、わたしもライブに参加していたからだ。

コドモと教師とは違う。それはわかる。ただ、その違いを見つめながら、コドモと教師とが共に学んでいくという世界もあるだろう。一つの問題について話し、考え、また話していく。そのなかで、立場や視点の違いがはっきりしていく。考え方や感じ方にズレが生じるときもあるだろう。そのズレをしっかり見ていきたい。あせることなく、また話していけばいい。

コドモも探る。教師も探る。そのとき求められるのは、かけひきではなく対話だ。かけひきから対話へ。少しずつでいいから、追求していきたいテーマだ。

コドモを信頼するということ

ヤマカワくんというコドモが転校していった。

足の手術をするという目的で、ヤマカワくんは春ノ光養護学校にやって来た。正確にいうと、養護学校に併設している病院に来たのである。中学三年生になる四月に入院し、五月に手術を乗りきった。その後はリハビリに精を出し、秋が終わろうとする一〇月末に、念願だった地元に戻ったのである。

ヤマカワくんは、両手に持った杖をついて歩く。始業式の日、時間を気にしていたのが記憶に残っている。「いまから何が始まるんですか？　その次は……」と、何度となく聞かれた。

ヤマカワくんは俳句を詠《よ》み、詩をつくる。半年の間に詠んだ句は五〇首をらくらく越えていた。詩も、ノートに書きためていた。なかでも「雲」がいい。俳句と詩と両方ある。

雲ができ、今度はいつくる、同じ場所

あの空の上　大きい雲と小さい雲のきょうだいが
かけっこをして　あそんでるよ　あの広い空の上で

広い原っぱがあって、ヤマカワくんがポツンといる。大きな雲を見上げている。わたしはそんな風景を想像する。彼のごっつい背中とボーズ頭が印象的だ。どんな気持ちで雲を見ているのだろう。

ヤマカワくんの作風は美しく、情景が浮かぶ。心根が素朴で、やさしいのだと思う。以前、録画したテレビ番組を学級で観ているときに牛が出てきた。酪農を営む家に暮らすコドモたちの物語だったと思う。そのとき「牛、あれ、面白いよ」とヤマカワくんがしゃべり始めた。最近まで、自分の家でも飼っていたという。犬の話も聞いた。夏休みに帰省したときは、犬と遊んでばかりいたそうだ。そんな話からも、彼の心の豊かさを感じていた。学校でも病院でも、小さなコドモに人気があった。

そのヤマカワくんが、進路のことでは迷っていた。地元の高校をめざそうか、それとも高等養護学校をめざそうか。「ふつうの人」のなかで生きていきたい。そして、自分が地元の高校に行くことで、足の不自由な人も入学できるように、その高校を変えたい。ややうつむきかげんに、ボソリボソリと、彼はそんなことを語った。

「それは、ものすごく大切なことだ」と伝える一方で、わたしは「でもね」という気持ちをもっていた。

「家からそこまで通えるの？　ハンディがある人の就職についてノウハウと実績があるのは高等養護のほうだよ。卒業後を考えたら、そっちのほうがいいのでは？　手術した足のリハビリがしっかりできるのも高等養護のほうなんじゃない？」

そして「地元を受けて、落ちたら落ちたで、なんとかなるショ」とヤマカワくんが楽天的に言うと、「なんとかなるわけないじゃないか」とつめ寄ったりもしたのだ。

地元の学校に進学したいヤマカワくんと、キミが決めることだと言いつつも高等養護に目を向けさせようとする周囲。いつしか、そんな雰囲気ができていたように思う。堅い決意の彼が悩み始めた。

周囲の一人だったわたしは、そのなかでとても大切なことを忘れていった。それは「ヤマカワくん、キミならどこに行ったってダイジョウブだよ」という信頼感だ。

地元の小・中学校でずっと過ごしてきたヤマカワくんは、地元の仲間たちとやっていける手応えがあるのだろう。転校先のわたしたちの養護学校でも親友をつくり、小さいコドモたちの「兄ちゃん」になり、ケンカの一つ二つもしながら元気にやっていた。だから、どっちに進学しても大丈夫なのだろう。その彼のたくましさに、まず目を向けられなかった。そう思うようになったのは、彼が転校しようとする一〇月末だ。そして、ギリギリになって、メッセージを彼に伝えた。

「地元の高校でも、高等養護でも、キミ自身が納得して選んだのならダイジョウブだよ。まわりの人の話を聞くのは、大事だと思う。そのうえで、『ここに行きたい。ここでやりたい』という自分の実感を信じて、決断してほしい。もしかしたら、それは未熟な決断なのかもしれない。でも、未熟だからこそ、エネルギーがいっぱいつまっているということもある。一五歳のキミが先々の人生まで見通すなんて、できないでしょう。どうか、納得いく決断をしてください。『間違ったかな』と思ったって、やり直しはきくのだから」

ヤマカワくんは、いつものようにボソリボソリとした口調で、「ハイ、わかりましたあ」などと言っていた。

でも、こんなメッセージを彼が本当に必要としていたのは、「地元の高校に行きたい」と熱く語っていたときだったのかもしれない。

転校してから二カ月、「高等養護を受験する」という話を伝え聞いた。家族で話し合って、自分でもよく考えて、決断したという。

ヤマカワくん、キミならダイジョウブだよ。

自由な社会科

好きなことを調べて発表する時間

「自由な社会科」と称した授業を週に一時間、続けている。何でもいい。自分でテーマを決めて、調べて、まとめる。ただし、調べたことは発表する。社会科の授業のうち週一回を、こんなかたちの自由調べにしたのだ。

「何でもいいよ」と言われて、最初はとまどっていたコドモもいた。逆に、「あら、そうですか」と言わんばかりに、ぐいぐい活動し出すコドモもいた。

いろいろなテーマが取り上げられた。旭川野球史、誘拐事件をめぐって、『おかあさんといっしょ』の歴史、（お笑いグループ）ネプチューンについて、元とモンゴルについて、歴史物語（鎌倉幕府編・室町幕府編・戦国大名編・江戸幕府編）、ゲーム会社と目玉ゲームソフトについてのレポート、昭和芸能史（三波春男と古賀政男を中心にして）、テレビドラマ『渡る世間は鬼ばかり』について、昭和・平成の大事件について（文化とスポーツを中心にして）、プロ野球・伝説のプレーヤーについて、魚が付く漢字調べ、台風・地震・雷などの自然現象について、衣服の歴史について、昔のアイドルについて、ガンダム・ロックマンなどのゲームキャラクターについて、天塩《てしお》町の漁業について。

みごとにバラバラである。でも、いいのだ。

「自由な社会科」の経験者は、これまで八人。このうちリョーイチ・ケンタ・マモルの三人は、創設以来のメンバーだ。三人が中学三年生のときを振り返ると、リョーイチは歴史物語に、ケンタはゲームレポートとプロ野球の名選手調べに、マモルは『渡る世間』と昭和芸能史に、それぞれ取り組んでいた。ケンタが作成したゲームレポートは、一〇月の末まで学級にいたヤマカワくんとの共同作業だった。

資料を取り寄せるのに、マモルはインターネットを使う。ただし、マモルもわたしも、それほどパソコンが使いこなせるわけではない。「先生、ちょっとこれ、ひらがな（入力）にならないんですけど」「先生、これ文字が変なんですけど」「先生、プリンターが……」。パソコンの操作をめぐって悪戦苦闘もする。

ケンタは慎重派だ。「自由にやっていいよ」と言われたときにいちばんとまどったのが、ケンタではないだろうか。一つひとつの作業をわたしに聞きながら行っていた。本当に一つひとつなのだ。たとえば、まとめの資料をつくる場面なら、どの写真を選ぶか、どこにノリをつければいいのか、ハサミでもうちょっとうまく切ってほしい、「昭和・平成の重大ニュース」ってどこに書けばいいのかなどなど、いちいちわたしの助言と確認を求めるのだった。

リョーイチは、自力でノートに記すことがむずかしい。わたしは、リョーイチが語る物語を代筆していく。マモルとケンタはそれぞれ自力で活動し、わたしはリョーイチのそばでノートをとる。これが基本的なかたちだった。でも、マモルやケンタに呼ばれるときも多い。「ちょっと想像していてね」などと言い残して、わたしは呼ばれた先に向かう。するとと、リョーイチもそこで思考が途切れる。「ごめん、ごめん。さあやろうか」などと始めようとすると、また呼ばれる。

加えて、週に一度こうした時間を確保するのもたいへんだった。中三の場合は、社会科は週に三時間だ。一時間を「自由な」にあてたとき、残りの二時間で教科書の内容をやっていかなければならない。しかも、一時間あたりの授業時間が四〇分だった。多くの中学校の四五分と比べて五分短いだけだが、積み重なるとかなりの差が出てくる。学習内容をプリントで整理したり、くわしくやるところとサラリと切り上げるところとのメリハリをつけたりしながら、なんとか「自由な」を確保していった。

わたし自身、後ろ向きに考えてしまうこともあった。たった週に一回だし、目に見えた成果を毎時間見せているわけでもないし、サポートの手もなかなかまわらないし、教科書も進んでいないし……。悪いほうへと考えていく。これに対して、コドモたちの反応は意外だった。「週に一時間しかなくてなあ」などとわたしがぼやいたときだ。

「でも、逆に一回しかないから、それを楽しみにしてるってこともあるんだよね」

リョーイチの言葉に、目からウロコが落ちた。この時間の少なさを嘆くのではなく、一つの楽しみにしているのか。それならば、週に一度で何ができるか自分なりにも考えていこう。つくづく、わたしも単純である。

持ち味を生かした学びのスタイル

コドモたちは、活動の質という面で少しずつステップアップしていく。中三になったリョーイチたちの、とくに二学期以降の姿は、頼もしかった。

プロ野球の名選手について調べているケンタは、自分の目にかなった選手の資料をインターネットから取り寄せ、それを自分でていねいに読み、レポートにまとめていった。大まかな段取りを確認する以外、わたしが呼ばれることはほとんどない。活動に見通しをもてたときのケンタは強い。自分でグイグイと進んでいく。

マモルは、『渡る世間は鬼ばかり』について原稿用紙二〇枚程度の評論を書き上げた。

家族のあり方をテーマにしているこのドラマを受けてマモルは、昔と今の家族の違いや、ドラマに出てくる各世代の人物が抱える問題について考察したのだ。秋の文化祭で発表されたこの評論は、ちょっとした話題をよんだ。評論を掲示したところで立ち止まっている人たちの姿を見たとき、わたしは「やったぜ」という気持ちだった。興味のあることはとことん追求していくのが、マモルのいいところだ。そして、彼にとってこの「自由な」は、素晴らしいと自分が思っていることを他の人たちに伝えていくための場になっていった。

一方リョーイチは、室町時代後期から戦国時代にかけての歴史物語をつくることに熱中していた。物語には必ず、リョーイチ自身が武将となって登場する。たいていは戦術や戦法に長けた武将の役だ。リョーイチは自分の想像力にすっかり自信をもち、いろいろな想像を広げることが自分の特徴である、などと語るようになった。

ケンタにしても、マモルにしても、リョーイチにしても、それぞれの持ち味が学びの場面に表れている。別の言い方をすれば、それぞれの持ち味を生かした学びのスタイルがあるということだ。

コドモたちへの対応が見えてきた

そして「自由な」に取り組んだことで、わたし自身についても発見があった。わたしは、コドモたちを「すげえ!」とうならせるようなものは持ち合わせていない。その分、コドモたちが「これをやりたい」と言ってきたものには食らいついていきたいと思っている。

その食らいつき方というか具体的なやり方が、少しずつわかってきた。「自由な」の時間のなかでわたしに求められるのは、三人それぞれの要求に対応していくことである。実際にはなかなか手がまわらず、不十分な対応しかできないというキビシイ現実があったとしても、それぞれに対応しようとする姿勢は大切だ。

ケンタに対しては、活動の進め方をいっしょに相談しながら、見通しをもてるように助けることが、ポイントになる。マモルに対しては、「自由な」の時間だけでは収集しきれなかった資料について、どうやって取り寄せればいいのかを相談して解決していくことが、おもな仕事だった。

そしてリョーイチにとっては、物語の聞き手になることがいちばん重要だった。パソコンを持ち込み、リョーイチがしゃべることをそのまま記録しようとしたことがある。しかし、「やめてほしい」とリョーイチが言った。調子が出ないというのだ。ノートを持ったわたしがとなりにいて、「なるほど」と相づちを打ったり、「ちょっと、それはなあ」と横ヤリを入れたりするほうがいいという。リョーイチが求めていたのは単なる記録係ではなく、語るときの相手役だったのだ。「自由な」をとおして見つけたものは少なくない。

広がる議論と理解

三人が卒業する直前、それぞれがやってきたことを報告し合った。文化祭での発表以降、古賀政男について調べていたマモルは、古賀メロディが終戦直後の人びとをいかに勇気づけたか、いまもいかに多くの人びとに親しまれているかを力説した。するとリョーイチが、「いまの日本のポップスはそんなふうに時代を超えて受け継がれていくのだろうか」という質問を投げかけたのだ。それにまたマモルが応じる。ちょっとしたきっかけで議論が広がっていく、いい雰囲気だった。

マモルがやっていることをリョーイチは理解し、そのうえで質問しているようだ。好きなことを取り上げて活動するという点では、三人とも共通している。やっていることはバラバラでも、いやバラバラだからこそ、お互いに理解し合う必要があるのかもしれない。ふだんはケンカも多いけど、リョーイチもマモルも、いい感じでお互いを認め合っているのだろう。

ちょっとほめすぎかな。

そのままでいい

二〇〇一年六月に大阪府池田市で、小学校の児童が刃物を持った男に襲われ、八人が亡くなるという悲惨な事件があった。

あるご両親は亡くなったお子さんを自宅に連れて帰り、髪の毛を洗ってあげた。そして、お子さんをはさんで、親子三人が「川」の字になって眠ったという。おそらく、いつもそうしていたのだろう。思わず、プンとサーラを見た。二人も「川」の字の線二本分になって寝ていた。わたしたち親子も川の字なのだ。

深い悲しみ。同時に、お父さんとお母さんの深い愛情。胸がぐっとなる。

事件があって以来、わたしがいる学校でも、安全管理について話し合われた。来校した人には、必ず受付を通ってもらう。校内で不審な人を見かけたら、みんなで確認し合う。安全管理は大切だし、重要だ。だが、もう一つ大事なことがある。コドモたちと向き合う仕事につく者として、この事件をどう受けとめるかだ。

事件から三日後だったと思う。リョーイチと教室で話した。

「ひどいよねえ、あんなことして。ボケッとした顔して」

リョーイチは、テレビに映ったT容疑者の風貌《ふうぼう》にも着目し、そんな感想を言った。そのリョーイチに、わたしはほぼ一方的に話しまくった。

「ふつう、あんなこと、するわけない。あんなこと、するわけない、するわけない。(T容疑者に)友だちとか恋人はいたんだろうか。『キミのいいところはここだよ』って言ってくれる人はいたのだろうか……。あんなこと、するわけないよ」

ちょっと支離滅裂だった。リョーイチもとまどっただろう。

ある新聞のコラムでは、「自己中心的な行動と他人への責任転嫁。歯車の変調は小・中学生のころからあった」と書かれていた。彼はどんな学校生活を送ったのだろうか。

いま、学校教育では個性を重視しようとしている。それぞれの個性が尊重され、コドモたちにとって学校生活がより充実していくのであれば、それにこしたことはない。

だが、危険な面もある。それは、コドモの個性を教師の目で限定してしまうことだ。望ましい個性と、望ましくない個性。認められる個性と、認めがたい個性。そうした尺度をもつのであれば、それは間違っている。個性が尊重されているというのは、その人が、その人のままでいられるということだ。長所も短所もひっくるめて、まるごと受けとめてもらえるということだ。

そして、個性というのは相手とのかかわりのなかで発揮される。発揮のされ方は多様だ。教師が見ている面は、コドモのごく一面なのである。人間の個性は、学校教育が考えているよりもはるかに広がりをもっている。

岐阜県の小学校で働いていたときだ。委員会活動を共にしたコドモのなかに、とてもおとなしい男の子がいた。その子が、あるとき力強く言った。

「気が弱かったら、おとなしくなんて、できないよ」

常識では逆だ。気が小さくて弱いから、おとなしい。どちらかといえば、いいイメージはない。でも、その子は、自分は気が強いからこそおとなしい自分でいられると言う。発想の転換である。わたしは素直に感動した。同時に、彼がいるのはきっといいクラスだろうと思った。その子が、その子自身でいられる場なのだろう。

そう考えると、「活発で、明るくて、人の話はよく聞いて、思いやりがあって、勉強もできて、リーダー性もあって、運動もできて、音楽や美術に対する感性もある」などといった人間像が滑稽《こっけい》に思えてくる。そんなコドモ、そんな人間は、いない。

「どの学年でもいい。あのときはよかったな、あの学級はよかったな、っていうのがあると、いいんだよな。そうすると、なんかメチャクチャつらいことがあっても、ふんばれるんやないかな」

ある先輩教師が、そう言っていた。「あの学級はよかった」と思える経験が、いざというときの支えになるということだ。そんな学級像というのは、それぞれが、そのままでいい場ではないだろうか。その子はその子でいいのだ。おとなしい彼は、そのままでいい。不器用な彼女も、そのままでいい。気の強いアナタも、それでいい。そして、気の弱いわたしも、そのままでいい。

それは、お互いに干渉しないということではない。その逆だともいえる。いろいろな人がいる。それぞれに持ち味がある。欠点だってある。お互いにカバーできるときもある。ケンカするときもある。ぶつかり合い、伝え合い、またぶつかり合う。そうやってみんなでつくっていく場でこそ、それぞれの持ち味が響き合うと思う。

T容疑者がコドモだったころ、そんな場所はあったのだろうか。「おまえの持ち味はこれだぞ」と言ってくれる人は、いたのだろうか。「しっかりせえよ」と叱ってくれる仲間は、いたのだろうか。ひるがえってわたしたち教師は、コドモたちそれぞれがそのままでいい場所をつくろうとしているだろうか。

それが、あの襲撃事件から考えなければならない、もう一つの大切なことではないだろうか。

映画『男クラはつらいよ』

撮影開始！

春ノ光養護学校で、映画をつくった。題して『男クラはつらいよ』。出演者でもある、中学部一年生のシンくんがつけた。出演者は六人。シンくんに、マモルとリョーイチとケンタ、ここまでがコドモたち。教師は、ヤナギさんとわたしの二人。コドモも教師も、みんな男だった。女性の先生からは「なんか教室の匂いが違うよ」などと言われていた、男だけのクラス（男クラ）だったのだ。

物語は、とある日の朝から始まる。

「思えば一年間、いろいろなことがあったよなあ。一年のしめくくりに、みんなでなんかやらない？」

ちょっとわざとらしく、わたしが問いかける。

「今野先生、やっぱりカラオケ大会でしょ！」

テンポよくケンタが答える。

「カラオケか、いいねえ。でも、せっかくだし……」

「ライブなんか、いいんじゃない！」

「ライブか、いいねえ。そうだ、ライブをやろう」

話が盛り上がっていったとき、辛口のマモルが登場する。

「だれがライブなんてやるもんですか。冗談じゃないわよ」

このご意見番、辛口をきくときにはなぜか女性口調になる。きっぷのいい語り口が魅力だった女優・故山岡久乃《ひさの》さんをマモルは敬愛しており、山岡さんの語り口調が彼の女性言葉に影響を与えているのではないかと、わたしはにらんでいる。

「まあまあマモルくん、みんなでやろうよ」

みんなで説得にあたる。しかし、マモルは頑《がん》としてゆずらない。

マモルの同意を得られないまま、残りのメンバーはライブの練習を始めるのであった。

マモルVSみんな

物語のあらすじはこんな感じだ。そこに、日常の様子をからめていった。

体育館にあるトランポリンに、みんなで乗るシーンがある。

「ワヒョー！」。ヤナギさんが興奮気味に飛びはねると、トランポリンが大きく揺れる。「アブネ、オイ、アブネー」「ウキー」などと歓声があがる。わたしはカメラを回す。

このとき、シンくんがいちばん楽しそうだった。

シンくんには遊び心がある。「トイレお願いします」と介助を頼まれ、トイレに行ってみると、いない。隠れているのだ。わたしが見つけると、ニヤッと笑う。

休み時間には、ちょくちょく他の教室をのぞきにいく。「となりの学級は何をやってるのかな」というちょっとした好奇心も、シンくんの持ち味だ。

さて物語に戻ろう。ある日の放課後、プレイルームと呼ばれている広い教室で、ケンタとリョーイチとヤナギさんがライブの練習をしている。そこにマモルがやって来る。ドアからぬっと顔を出すマモル。

「来てくれたのかぁ」と喜ぶ三人。

「なに言ってんの。アタシは練習なんかしませんよ。ヤナギ先生、トイレお願いします。トイレ、トイレ！」

マモルはヤナギさんを連れていってしまう。

プレイルームに残ったリョーイチとケンタ。ケンタが弱気になる。

「やっぱりダメなのかなあ」

「あのなぁ、ここでぇ……おまえが弱気になってぇ……どうなるんだ。マモルを説得できるのはぁ……、オマエだけなんだぞ。マモルのいないオレたちなんて、イチゴのないショートケーキみたいなもんだ」

この台詞《せりふ》はリョーイチをよく表していると思う。だれかが落ち込んでいるとき、「大丈夫かい」と、さり気なく声をかける。納得のいかないことに対して、「それは違うんじゃないか」と声をあげる。こういうことができるのはリョーイチなのだ。人をこわがらない、人と向き合っていこうとする、そんな魅力がリョーイチにはある。

「イチゴのないショートケーキみたいなもんだ」という自分で考えた台詞を、リョーイチはことのほか気に入っていた。リョーイチは、声を出すのに一苦労いる。声がかん高くなったり、とぎれとぎれになったりする。そのとぎれ具合が、味のある台詞を生む。

リョーイチに励まされたケンタは、「いっしょにやろうよ」とマモルに直接話す。

「男クラももうすぐ終わるわけだし、最後にみんなでやろうよ」

「そんなのわかんないわよ。また男クラになるかもしれないじゃない」と、マモルはかたくなだ。

「とにかくアタシは、ライブなんてゼッタイに出ませんからね」

そして、ライブ前日。最後の練習をしていた。ギターは名手ヤナギさん。あとは、みんなボーカルだ。ギター以外の音はＣＤで出す。キンキキッズの「フラワー」をみんなでやっているときだ。プレイルームのドアが突然開いて、マモルが顔を出したのだ。

「マモルくん！」とみんな。

「なにボヤボヤしてんのよ。ボヤボヤしてるヒマがあったら練習しなさいよ！」

マモルはまたも辛口の台詞を決めて、練習に加わるのだった。

とんがっていたマモルが、最後にはライブへ参加する。一見すると、道徳の授業に出てくるような教育ドラマ風である。物語のイメージをヤナギさんに伝えたとき「あの、よくあるヤツですね」などとも言われた。

たしかに、最後はうまくまとまる。でも、マモルはマモルでいいのだ。ちょっと辛口で、みんなが何かをやろうと言ったときに「フン、なんだよ、それ」と文句をつける。とんがったマモルが、とんがったままで、どうにかみんなとやっていく。とんがっているからこそ、マモルの存在はみんなの刺激になっていく。それを伝えたかった。マモルには、辛口の自分を意識して演じてもらいたかった。

ライブシーン

ライブの当日。小学部や中学部のみんなが、プレイルームに集まってくれた。「男クラファイナルライブ」、三曲勝負だ。

一曲目、学級歌「男クラもいいな」。「まんが日本昔ばなし」の終わりにかかっていた「人間っていいな」のパクリだ。みんながてんでんバラバラな休み時間。校外学習で街に繰り出し、おおいに盛りあがったランチバイキング。学芸会でやった「葉っぱのフレディ」。学級のエピソードをそのまま歌詞にした。歌うみんなの表情は、やや固い。

二曲目、「アイアイ」。「アーイアイ！　アーイアイ！　おさぁるさぁんだよ〜」というこの歌、実はマモルが抜群にウマイのだ。「アーイアイ！」とマモルが叫ぶ。「アーイアイ！」と会場のみんなが叫ぶ。ここでググッと会場のボルテージが上がった。

メンバー紹介をはさんで、最後は「フラワー」。ケンタの一八番だ。ふだんはとってもシャイなケンタだが、マイクを持って歌い出すと、雰囲気が変わる。ちょっとアマイ声でパワフル。そして、なによりケンタの唄は心に入ってくる。このときもよかった。「ケンタ、オマエには唄がある」。映画を撮り終わって、あらためてそう思うようになった。

「フラワー」のあと、会場にはアンコールが起こり、ふたたび「男クラっていいな」。

演奏後の片付けをしているメンバーに、一年生のマナミちゃんが、担任のヤダ先生と共に近寄ってくる。

「すてきでした」

そう言われ、ケンタは照れていた。

映画づくりに託したもの

「映画をつくろう」とわたしが言い出したのは三月もなかば、とってもあわただしいときだった。イメージを伝え、物語の創作が得意なヤナギさんにおおまかな脚本をつくってもらう。台詞はみんなのアドリブが多かった。

思いつきといえば思いつき。実際には一〇日くらいの勝負だった。ライブの練習をしたり、撮影のスケジュールを相談したり……。みんな、集中力があった。

この映画には、自分なりのねらいがあった。男クラ面々の、〈これはいいじゃん〉という姿を発信したかったのだ。同時に、それぞれには、自分の持ち味を少しでも実感してほしかった。そのままでいいんだよ、と。

ただ、ここが微妙なところなのだが、男クラをアピールするとか、自分の持ち味を理解するように促すことを、最初からねらっていたわけではない。

〈ライブをやったら楽しいだろうな。そのライブをひっくるめて映画をつくったら面白い。ケンタの唄はいいし、マモルのとんがったところも生かせないかな。でも、日程も日程だし、やりきれるかな……。うーん、やるか〉

こんな感じでアタマをめぐらせた。〈何かしたいな〉という漠然とした思いがある。それが、だんだんはっきりしたものになって見えていく。みんなに相談していくなかで少しずつ具体的になっていく。ライブも映画づくりも、「本当に、できるかな?」というところでの活動で、ひとつのチャレンジだった。

ひょっとしたら、アピールも、持ち味の理解も、活動のさなかにわたしが盛り込んでいったものであり、後付けだったのかもしれない。最初にあったのは、〈みんなで何か楽しいことがしたいな〉という気持ちのわきあがりだったと思う。

あらかじめ「ねらい」や「目標」を定めずに、自分の気持ちを発端に活動していく。そんなやり方でいいのかな、と思わないでもない。でも、面白くて、楽しくて、創造的で、チャレンジに値することが、ひとりの活動としても、あるいは共同の活動としても、学校でできたら、何よりではないだろうか。そして、卒業後にもそうやって生きていけたら。

「男クラはつらいよ」が、他を圧倒するほどスバラシイものだとは、まったく思わない。とはいえ、コドモたちとともに何かをつくっていくというところでの、わたしなりの、その時点での精いっぱいの試みだったことは、間違いない。

夢がある。わたしの思いつきなど簡単にふっとばされるくらい魅力的なアイディアがコドモたちのほうからどんどん出てきて、わたしはそこに巻き込まれていくのだ。

だけど、そうなったらなったで、わたしはコドモたちに挑んでいくかもしれない。

「オレが出したやつのほうが面白いぞ!」と。

コドモから得たものを伝えていく

コドモとのかかわりから学ぶ

学校で働き始めたばかりのころ、「教員でやっていくなら、自分は何で勝負するのか考えたほうがいいよ」と先輩から言われた。

何で勝負するか。担当する教科で、いい授業ができる。生徒指導が得意。部活動の指導に定評がある。パソコンに強い。研究ならまかせておけ。学級づくりは名人級。いろいろと選択肢があるだろう。

「自分はこれで勝負に出る」というものがあれば、コドモたちにとっても自分にとっても、たしかに心強い。自分自身、教科の授業にしたって、学級づくりにしたって、ステップアップしていきたいと思っている。

ただ、最近思うのは、コドモたちに対して「○○で勝負する」というのは、結果として後からついてくるものではないだろうか、ということだ。

その結果に行きつくまで、どんなプロセスがあるのだろう。わたしはこれまで、コドモたちとどんなかかわりをしてきたのだろう。いま、どんなことを模索しているのだろう。そして、これからコドモたちとのどんな出会いがあるのだろう。

コドモたちが変わっていくように、教師も変わっていく。最初から完成された専門家としてあるのではなく、教師も学んでいく。コドモたちとのかかわりのなかで、悩んだり、考えたり、感じたりすることは多い。そこから学ぶチャンスは多い。

だが、コドモたちとのかかわりをとおして自分自身がどう変わったのか、あるいは変わろうとしているのかを見つめる機会は、少ない。自分も含めて、「わたしの成長ではなく、大切なのはコドモたちの成長です」と考えがちなのではないだろうか。

最近、北海道での訪問教育を取り上げた『今日も輝いて』（斎藤昭編、共同文化社、二〇〇〇年）という本を読んだ。訪問教育というのは、なんらかの事情で学校へ通えないコドモたちを対象に行う教育活動で、教員がコドモのところに通って授業を行う。授業の宅配といってもいい。届け先はさまざまだ。コドモの家ではなく、病院や施設である場合も多い。そうした場では、重い病気や障害と向き合っているコドモたちが大勢を占める。

この本では、「どんなに障害が重くても一人の人間として大事にされる教育」を追求している訪問教員と、そして母親たちが、自身の実践を率直に記している。折しも、職場の同僚二人が原稿を寄せており、どちらも心に残った。

自分の経験からコドモのことを考え直す

一人は、自分自身が小脳腫瘍《しょうのうしゅよう》になった経験をモチーフにしている。病名を宣告されたとき彼女は、「○○ちゃんたちと同じ病気になった」と、訳もなく納得したという。コドモたちと通ずる境遇に身をおくことになったのだ。

そして、三カ月にわたる入院生活のできごとを丹念に見つめていく。入院前に経験した激しい頭痛。手術後の違和感。遠近感や平衡感覚のズレ。手術の影響による口元の一時的なマヒ。その後の治療において、部分麻酔の状態で頭に穴を開けられたときに残った「キコキコと穴を開けられている」感覚。ずっとベッドに寝ていることがいかにつらいか。同室の患者さんが付けている医療機器の音が気になり、いっとき神経衰弱に陥ったこと。こうした一つひとつの経験を掘り下げるごとに、新しい発見をしていく。

たとえば、リハビリテーションの一環として経験した手形スタンプ。てのひらや指に絵の具をつけ、その手や指を紙に押し当てて、模様をつくっていくのだ。造形活動として学校で行うこともあり、彼女も経験していた。ただし、そのときは、コドモたちをサポートし、コドモたちの手形スタンプをとる側にいたのである。その自分が、今度はとってもらう側になった。てのひらにスポンジで絵の具をつけてもらい、紙に押し当てる。「紫色にするね」などと、看護婦さんはやさしく話しかけてくれたという。しかし、寝た姿勢の彼女からは、スタンプを押していく様子がすべて見えたわけではなかった。とくに不快な思いをしたというわけではない。だが、活動に参加している気分とはかけ離れていた。それは、なぜだろう。

作品づくりには、触覚に働きかけるというねらいとともに、つくっていく過程そのものを介助の人と楽しむ、ひいては介助の人とのやりとりを楽しむことも、大きなウエイトを占めているのではないだろうか。自分が経験した作品づくりは、意思とは別に「手」だけを使うようなものだったのではないか。看護婦さんの作品になったといったら言いすぎだろうか。こんなふうに考える。さらに、新たな発見をもとに、自分とコドモたちとのやりとりをも見つめていく。

〈もしかしたら自分は、いままでコドモたちに、今回と同じような思いをさせてきたのではないか。あるいは、それ以上の思いをさせていたかもしれない。それに気づかないでいたのではないか〉

彼女の記述は、こうしたスタイルで貫かれていた。入院・手術・リハビリの経験を「カミサマがくれた三カ月」と結んでいる。自分にとって必要な、貴重な体験だったというのである。そして、ふたたびコドモたちのところに戻っていく。

そのとき、一つの困難と正面から向き合う。それは、自分の意思で身体を動かせる者が、そうできない障害の重いコドモたちの心と身体の中で起きていることを体感するのは非常にむずかしいということである。はたして自分は、コドモの表現に気づき、自己決定や自己選択の機会をつくっているだろうか。そこをもう一度問い直して、障害がきわめて重いコドモたちの心の発達や精神世界について深められたら、と述べている。彼女の文章からは、自分の経験を見つめる視点のすごさを感じた。

つなぎ役の果たす役割

もう一人の同僚が書いたものは、好対照である。彼は、自分たち訪問教員の担当しているコドモたちが入院している病院のスタッフたちとの連携に焦点をあてる。日ごろの活動をていねいに紹介していくとともに、担任していたコドモたちの教育活動にとって学校と病院との連携がいかに大切かを、具体的な事例で説いていく。その一つは、コドモたちの姿勢（ポジショニング）に関してである。

身体を思うように動かせないコドモたちは、姿勢のとり方一つで、筋肉の緊張が増したり軽減したり、呼吸が苦しくなったりラクになったりする。だから、医療や教育に携わる者にとっては、コドモたちの姿勢が、研究テーマになる。あるとき彼は、「自分たちが担当しているコドモたちの姿勢について、もっと踏み込んだ話合いがしたい」と病院の訓練課スタッフに申し入れた。彼らは、「コドモへの願いはいっしょだから」と、申し出を快諾してくれたという。こうして合同の研修会が始まる。

コドモたちを交えてのケース会議では、下アゴの位置をちょっと上げたり、首の下にタオルを置いたりするといった工夫で、コドモたちのゼイゼイという呼吸音が消え、リラックスした状態になるのを目の当たりにしたという。その一方で、呼吸にいい姿勢をとったとしても、それをコドモたちが受け入れようとしない場合にはストレスを増すことになるというむずかしさにも直面する。

彼自身、学習の最中に気持ちの悪そうな表情を見せたコドモの姿勢を工夫しようと格闘しているうちに、そのコドモが吐いてしまったという経験がある。その子の辛そうな表情を見ながら、状況に応じて、適時・適切・適度な援助をするのは「そう簡単ではない」と実感したという。

しかし、そうしたむずかしさを引き受けながら、ある種の確信を得る。それは、コドモたちをとりまくスタッフが、所属する場の違いを超えて連携し、よりよいかかわりを続けていくならば、コドモたちの成長する姿が必ず見えてくるという確信だ。そして同時に、教育の専門家として自分たちがどんな情報を提供できるかを考える。

この問いについて、はっきりした答えは書かれていない。だが、合同研修会は、彼をはじめとする教員たちの呼びかけで実現したものである。そうした「つなぎ役」をすることでコドモたちにとっていい環境が整うのであれば、それ自体、重要な仕事ではないだろうか。

彼の文章には、自分たちが起点となってコドモたちの教育・療育にとってよりいい環境をつくることができるという意味で、教員の仕事の広がりを見た。

発見する喜び

訪問教育を受けているコドモたちの多くは、わたしたちが日ごろ使っている言葉や文字ではコミュニケーションをとるのがむずかしい。だから、そこに携わる人たちは、自分のかかわり方がいいのかどうかを、常に問うていかなければならないのだろう。自問していくことと、何かを発見することは、つながっているのではないか。

教育とは、素朴に考えれば、人間と人間とのやりとりだ。そこで何がテーマになり、どんな実践をし、何を見つけるのか。コドモたちとのやりとりから、何を見つけられるか。専門的な知識や技術の必要性を痛感して、その勉強をするのもよし。コドモたちの精神世界について深めようと歩むのもよし。面白い授業をしかけて、コドモたちを感動させてやろうとするのもよし。コドモをじっくりと見つめようとするなかで、かかわり手である自分を見つめるようになってもよし。

コドモたちとのかかわりから、自分なら何を見つけられるだろう。そう考えると、教育活動が楽しみになるのではないだろうか。結果に目がいきがちで、その過程を味わったりする余裕をなくしている自分を解放できないだろうか。

じつのところわたしたちは、コドモたちとのやりとりからいろいろなものを得ている。そのことを自分たち自身でもっと明快にし、まわりの人たちに伝えていってもいいではないか。この『今日も輝いて』の著者たちのように。

プンとサーラとネネの話

トミーのシール

行きつけの耳鼻科がある。プンとサーラは中耳炎だし、ネネも通っている。北海道に引っ越してきてから、すぐの付き合いだ。ここには、トミーと呼ばれている先生がいる。もっとも、そう呼んでいるのは、わたしたちだけなのだが……。

この先生、「自然治癒力への信頼」がモットーである。

「そりゃあ、薬を使えばよくなりますよ、一時的にはね。でもね、薬が切れたら、また戻りますよ。やっぱり、こマメに鼻水を取って、鼻の中をキレイにしておけば、粘膜も強くなる。そうやって、カゼをひかない身体になっていかなくちゃ。それから水分、なんといっても水分が大事です。よく小さい子が熱なんか出すでしょ。あれ、意外と水分が不足していることが多いんですよね」

トミーの主張をわたしなりに要約すると、こうなるだろうか。やたらと薬に頼るのではなく、身体のコンディションを整えて中耳炎やカゼを乗り切っていくという発想は、妻の考えとも共通している。かくして、プンやサーラはトミー病院の模範生となった。

鼻水が出たり、カゼをひいたりしているときには、せっせと通う。月曜日から土曜日まで連続六日間通院したことだってある。行くだけではない。水分補給にも気をつける。ヤクルトに、牛乳に、お茶。これが水分補給三点セットだ。

家の湿度にも気を遣う。冬は乾燥しやすい。加湿器をつけるのはもとより、朝も夜も洗濯する。なぜか。洗濯物を部屋に干して、少しでも湿気を稼ごうという算段である。湿度四〇％、室温二一度前後をめざす。こまやかなこの気配り、ほとんどは妻がやっている。

ところでトミーは、がんばった子にシールをくれる。がんばるとは、つまり泣かないということだ。診察室に入り、イスに座る。耳の中を見てもらう。左の耳、右の耳。次は正面を向いて口を開ける。そして、ノドを見てもらった後、ノドの奥にシューッとクスリをかける。最後は鼻だ。鼻の穴にノズルを入れて、鼻水を吸引する。ズズズッ、ズルズルと、鼻水を吸い取る音がする。診察室での治療は、これでおしまい。その後、別の場所で吸入という治療をする。

なんといっても、勝負どころは診察室だ。ここを泣かずに乗り切ると、トミーは、「よしっ、シール！」と高らかに宣言するのである。診療室の奥に行くとシールがたくさん入った箱があり、好きなシールを選べる。

「泣かないでよぉ」というトミーの情熱に、プンとサーラが応えた時期があった。二人が二歳になったばかりのころだ。ネネの存在も大きかったのだろう。

〈ネネみたいに一人で診察イスに座って、泣かないで、がんばってみたい〉

そんな気持ちがあったのかもしれない。最初はプンが泣かなくなった。サーラもがんばるようになり、そしてシールをもらった。

トミーは、コドモたちを泣かせたくないようだ。診察の最初から気を遣ってくれる。「オネエチャンどこだろうね、あしたどこ行く?」といった具合に、なんだかんだと話しかけたりする。あるいは、吸引に使うガラス管を「どれにする?」と選ばせてくれる。

この時期、泣かなければ、心なしか治療も早く終わっていたようだ。逆に、泣いたら長くなる。とくにプンとサーラにとって、そしておそらくほとんどのコドモたちにとって最大の関門であろう鼻水の吸引が、長くなるような気がする。

〈もう泣いたんだから、この際、取っちゃえ、取っちゃえ〉

トミーはきっとそう思っていると、わたしたちは想像していた。

さて、泣かずにがんばっていたプンとサーラだが、ちょっとムリがあったのだろう。

〈ごめんなさい、トミー。あたしたち背伸びしていたみたいだわ〉

そんな感じで、しばらくすると、また泣き出すようになった。「まわりにのせられて、がんばっていたのかな」と妻は言っている。

ある日、サーラは泣いたけれど、治療は受けた。サーラは、泣いて暴れることはあまりない。泣きながらも受け入れるというか、あきらめるというか、そんな感じだ。そのときも、泣きながらがんばったのである。そして、「シール、モラウ」と妻に言った。でも、泣いたので、シールはもらえないのだ。

「ごめんね。きょうはシールさんお休みなの」

妻は、サーラにそう伝えたという。

「アンタ、そのときのわたしのツライ気持ちわかる？」

後日、妻はそう言った。「涙のシール事件」である。

コドモたちを励ますはずのシールでつらい思いをしている。シールって何だろう。この事件をひとつのきっかけにして、わたしたちはシールについて考えた。

トミーの気持ちもわかる。泣かなければ、エライねえと思うのもわかる。わたしたちだって、泣かなければうれしい。シールにしたって、トミーの思いやりだ。やさしい気持ちの表れだ。ただ、二歳のプンやサーラにとって、泣かないことがいちばん大切なのだろうか。

「泣かないで、がんばったね。ごほうびにシールをあげよう」

これは、コドモに対してオトナがよくやる「やさしさの基本型」だろう。かく言うわたしも、「がんばって、全部ご飯食べたんだね。じゃあアメをあげよう」なんてことを、よくやる。オトナのやさしさ、ちょっとした常識でできたやさしさ。

いろいろなシールは、プンやサーラの気持ちをひきつける。病院へ行く励みになる。一方、そのシールでもっと大切なことが見えなくなるときもある。プンやサーラにとっては、泣かずにがんばったのもエライし、泣きながらがんばったのもエライと思う。ちょっとムリをしてがんばる経験も大切だし、「つらいものは、つらい。こわいものは、こわい」と泣き出すことも大切なのだ。

じゃあ、どうやったらトミーのシールとうまく付き合っていけるのだろう。

いつだったか、妻とプンとの間で、こんなやりとりがあった。

「プンちゃん、きょうボーイン行くの？」

プンやサーラは「びょういん」を「ボーイン」と言う。

「ウン、バタバタして泣くの！」

「そう。プンちゃんは、バタバタするんだ」

「泣いたらダメなんて、アタシャ一度だって言ってないよ」と妻は力強く言い切る。そう、だからプンもサーラも、〈泣いちゃいけないんだ〉とは思っていないだろう。「バタバタして泣くの」とうれしそうに言うプンの姿を見て、わたしは心が軽くなった。これでいいではないか。自然なことじゃん。

泣いたらシールをもらえないということは、経験をとおして徐々にわかっていったようだ。でも、もらえないという、それだけのことなのだ。この二人は、シール以外にも、ボーインに行く楽しみをもっている。トミーの病院は待合室が広めで、コドモ用のスペースもある。絵本やぬいぐるみも置かれている。プンにはお気に入りの人形もある。妻やわたしと絵本を読んだり、そこらを動き回ったり、コドモ用のスリッパを出したりしまったり、けっこう楽しんでいる。

それから、シールをもらえるということよりは、むしろ泣かないでがんばったことに、プンやサーラたちが充実感をもっているときもある。だから、二人にとってシールは、もらえたらラッキーな、オマケみたいなものだ。そして、これなら、プンもサーラも、そしてわたしたちも、トミーのシールとうまく付き合っていけそうだ。

先日、プンは泣かずに治療を受けた。サーラも、ちょっとぐずったけど、そこからもち直して最後は逃げ切った。サーラのがんばりは、トミーにも伝わる。

「よし、おまけのシール！」

そう言ったとき、トミーの顔は、とてもうれしそうだったという。

妻も、これまたうれしそうに、そう教えてくれた。

ストロベリー・オン・ザ・ショートケーキ

その日は、わたしの誕生日だった。午後からみんなでケーキを買いにいった。行き先は、近くにある生協の店舗に入っているニシムラ。ショーウインドーを見ると、デコレーションケーキが三つ並んでいた。プンとサーラは、左端にあったケーキに目を奪われたようだ。生クリームとイチゴを基調にした、バースデーケーキの定番といった雰囲気で、チョコレートのプレートや砂糖菓子のクマさんなども載っていた。値段は三〇〇〇円。でも、わたしたちは右端にあるケーキに決めた。そこにはクマもプレートもなかったけれど、一〇〇〇円で買えた。

「お昼寝からオッキしたら、食べようね」

プンとサーラに、妻が確認する。

最近サーラは、「コンド、ケーキ、カイニイコーネ。コンド、ケーキ、カイニイコーネ、クリームノネ」などと、ケーキに対する憧れをつのらせているようだった。

ケーキ屋さんを出て、家に帰ってきたのは、一時半過ぎ。それから昼寝をした。午前中は公園でたっぷり遊んだし、きっと疲れているはずだから、いっぱい寝てくれるだろうという期待を裏切り、サーラは早くめざめる。そして、「ケーキ、タベヨウ。ケーキ、タベヨウ」と妻に一〇回くらい催促していた。

午後三時半、プンも起きる。サーラが待ち望んだ時間になった。自分のイスにそそくさと座るサーラ。

「パパ、ダシテ。クマサンノ！」

そう言って、サーラはイスから身を乗り出して、顔をケーキの箱に近づけた。

でも、買ってきたケーキにクマさんはいないのである。おそるおそるケーキを取り出す。ケーキが箱から姿を現す。生クリームで飾られた台に載った九個のイチゴ。見つめるサーラ。

一瞬キョトンとした表情を見せたが、その後すぐニッコリした。クマさんがいなくても、イチゴや生クリームで心が満たされたのであろうか。

あんまりうれしそうなので、カメラを持ってきて、ケーキを前にしたサーラやプンやネネを撮影した。

「パパ、キッテ」

サーラに言われ、わたしはケーキを六つに切り分ける。

ハッピーバースデーを歌う間もなく、サーラはケーキを食べ始めた。サーラにあたったのは、イチゴが一つ半載っているスペシャルカットである。妻とわたしはイチゴが一個のやつだ。プンにもスペシャルがあたった。ショートケーキがあまり好きではないネネは、別に買ったミルフィーユだ。ネネのミルフィーユにも、イチゴが載っていた。

サーラは、まずイチゴを食べた。その後ケーキを食べた。だいたいはフォークを使っていたが、ときおり皿に顔を近づけてパクつく。

しばらくすると、サーラは「イチゴ、ナイヨ」と妻のほうを見て言った。そりゃあ、そうだ。いちばん最初に食べたのだから。まだ半分寝ぼけているプンを抱いてイスに座っていた妻は、「サッチャン、あげっか」と言いつつ、自分のイチゴをサーラのケーキの上に置く。妻からもらったイチゴも、サーラはすぐに食べた。

そのとき妻は、わたしの食べ方が気になっていたという。

妻の見方では、わたしはふだんケーキから食べることが多いという。たしかに、イチゴのいなくなったショートケーキはさびしそうだ。ある程度ケーキ本体がなくなるまでイチゴには手をつけないことが多いと思う。だが、そのときは違った。イチゴを真っ先に食べたのである。サーラを意識してのことだったのかは、ちょっと自分でもわからない。もしかしたら、そうかもしれない。でも、イチゴを全部食べはしなかった。一口かじって、再びケーキ本体の上に置く。

そこでサーラの視線を感じた。わたしのほうをじっと見ている。見つめるサーラと、見つめられるわたし。少しの間。

「サーラ、あげっか」と、わたし。

「ン！」と短くサーラは返事をした。

かじりかけのイチゴをわたしがサーラのケーキの上に置くと、そのイチゴもサーラはパクリと食べた。細かいが、サーラが食べたイチゴは「一つ半＋一（妻のイチゴ）＋四分の三（わたしのイチゴ）＝三と四分の一個」になる。

夜、ぐうぐう寝ている三人娘を見ながら、妻とわたしの間でサーラのことが話題になる。

〈サーラは、ネネのほうを見ていなかった。ネネからもらえるとは、思っていないのだろう。まず、妻のほうを見ていた。妻からは当然もらえると思っているのだ。そして、どっちかわからないのがわたしである。だから、サーラは、「イチゴナイヨ」などと声をかけるのではなく、ジッとわたしのほうを見たのだろう。あそこでわたしがイチゴを食べたとしても、おそらくサーラは何も言わなかったのではないか。あきらめたのではないだろうか〉

相手によって応じ方を変える。サーラがやったのは立派な戦術である。知恵というか、たくましさというか、しぶとさというか、なかなかやるではないか。サーラが立ち向かっていったのは、わたしである。ズルさといい、腕力といい、サーラからすればケタ違いの存在だ。食い意地はったオトナに挑む二歳児。なかなか、いいではないか。

サーラに限らずコドモたちというのは、わたしたちオトナに力を握られている。コドモたちは、そのオトナ社会をかいくぐっている。そこにはさまざまな戦術やカケヒキがあるはずだ。たとえば妻が怒っているとき、プンもサーラも二人だけで遊ぶという。おとなしく、おりこうさんになる。そして、ほとぼりが冷めたころに妻のところへやって来て、「ママ、オコッテナーイ?」などと、かわいく聞く。これで、妻は怒る気持ちが急速になえる。ニコっと笑って、「オコッテナイヨ」と答えてしまう。これもなかなかの作戦だと思う。

コドモとオトナのせめぎあい、かけひき。育児や教育の問題をこの視点からも本格的に考えてみたい。きっと、スリリングな展開になるだろう。学校なんて、きっと、コドモとオトナとのかけひきが火花をちらす大舞台だ。

「こんなカワイイ顔して、かけひきして、おかしかったね」

指を吸いながら寝ているサーラを見て、妻は言った。

ふとしたときの発見

日曜日の午前中、自転車で家から一〇分くらいのところにある公園に、プン・サーラ・わたしの三人で出かけた。市営団地に囲まれた公園だ。小学生なら野球もサッカーも十分にできる広場と、ブランコやすべり台などの遊具がある場所とが、真ん中にはえている四本の木でなんとなく仕切られている。

公園に着き、すべり台に付属している雲梯《うんてい》で、ちょっと遊んだ。その後プンとサーラは、近くにある木の根元を囲んでいる大きな石の上に、腰かけた。

「ココデ、タベヨット」

「ココデ、タベッカ」

二人で話しつつ、ポシェットから小袋入りのアメを取り出した。「公園で食べなさい」と妻が持たせてくれたのだ。ネネもそうだけど、アメをもらうときって、本当に幸せそうな顔をする。それぞれが二個ずつアメをもらっていた。サーラは器用に小袋を開け、取り出し、口に入れる。プンは、なかなか開けられない。

そのうち、二人は石の腰かけを離れ、アメをなめながら、ふらふらと歩き始める。わたしはわたしで、近くにある壁に向かってボールを投げていた。

しばらくすると、プンが「アメ、オトシタ!」と言いつつ、泣きべそをかいてやって来た。右手に、落としたと思われるアメのかけらを握っている。

やや大きめの砂粒一つ、問題はない。粒を取ってプンの口に入れてやった。

プンが食べ終わると、サーラが二個目のアメを自分で口に入れた。

このごろサーラは、好物が出ると、プンが食べたのを確認してから食べる。以前は違った。どちらかといえば、サーラのほうが早食いだったのである。たとえば好物のブドウが出ると、プンが一粒食べる間に、サーラは三粒くらい食べた。アメの場合だと、サーラは、ちょっとなめた後ガリガリとかじってしまう。一方プンは、いつまでもペロペロとやっている。サーラは食べてしまい、プンのは残っている。この状況をサーラなりに考えていたと思われる。

あるとき、二人に妻がブドウを出すと、サーラはいつまでも食べなかったという。どうしたのかと聞くと、「ダッテ、ナクナッチャウノイヤナンダモン」と答えたそうだ。それからしばらくして、サーラは「ハヤクタベロ」とプンに言うようになった。

サーラの変化について、妻とわたしはこう考えた。

サーラは〈どうして自分のはすぐになくなっちゃうんだろう〉と考え、やがて発見した。自分のほうが早く食べるから、なくなるのだ。そして、プンが食べるのを待つようになる。

妻から、とある日の二人がアメを食べるときの様子を聞いた。

（二人ともアメを手に持って）

サーラ「キョウ、プーカラ？　サーカラ？」

プン「サーカラ！」

サーラ「イヤダ、プーカラ」

プン「イッツモ、プーカラッテ、ウーンダカラ」

サーラ「アシタ、サーカラダカラ」

プン「ホントー？」

（プンは食べ始める）

サーラ「タベタ？　アーンシテゴラン。オセンベ、タベレバイイッショ」

プンが食べたのを確認し、ニッコリして、サーラはアメを口に入れたという。サーラはかなりしつこい。しつこさに負けたのか、プンもアメをかじるようになった。だから、早くなくなる。それではさびしそうなので、妻はおせんべいをあげることが多い。

「サーラの発見はまだあるね」と妻は言う。プンとのかかわりでも、サーラには発見があった。

思えば、プンとサーラとで、ニラミをきかせて強く出ていたのは、プンだった。面白そうなモノを見つけて遊びを展開し始めるのは、サーラのほうが多い。プンは、それをマネする。そして、サーラが見つけたオモチャを取る。サーラは怒って、取られまいとする。引っ張り合い、どなりあい、たたきあい、結局プンが勝つ。このパターンが多かった。プンに一言オドシをかけられ、「プンニオコラレタ」とサーラが泣き出すこともよくあった。

「たまにはサーラも反撃しろよ」

ある日のフロあがり、サーラを応援した。何かのきっかけで二人がケンカを始めたのだ。プンは、いつもの調子で「ン！ン！」とニラミをきかせる。サーラが泣き出す。「サっちゃん、きょう何回泣かされたろう」と妻が言った。

見かねたわたしは、「サーも、ン、ンって言うんだ」と激励。サーラは泣きべそをかきつつも、「ン」と言った。プンに比べれば小さい声だ。プンにまた一喝される。

「サーラ、今度は『ワン』って言ってごらん」

わたしの励ましに、サーラは「ワン」と言った。

「今度は『ニャン』って言ってごらん」

「ニャン」

励ましていたはずが、からかってしまった。

そんなできごとがあってから少し経ったころ、サーラの本格的な反撃が始まる。

「ギイアー!!」

胸の前で両手を握りしめ、内マタかげんに腰をおろし、モウ必死デスヨという感じでプンに叫びをぶつけたのだ。これに、プンがたじろいだ。

妻によると、このときサーラの顔が変わったという。言葉に表すと、こんな感じになるだろうか。

〈オッ、ワタシって意外にやれるじゃん〉

最近では、サーラがすっかり強くなってしまった。

こうなるとプンが心配だ。体格では、もともとプンのほうがちょっと小さい。だから、「サーニオコラレタ」などと泣いていると、気になる。

サーラの発見。ふとしたときに、気づき、発見したこと。

プンもサーラも、もともとやさしい。わたしがネネを怒っていると、理由のいかんにかかわらず、「パパ、オコッチャヤダメ!」とネネを援護する。どちらか一方が妻に怒られ、部屋の隅にある二人の隠れ場でションボリしているとき、もう一方がオモチャをそっと届けたりする。そのプンとサーラが、「強い―弱い」というところでせめぎあっている。

「でもね」と妻は言う。

やさしい二人が、今度は何を発見するのか。

アメをいっしょに食べることの喜びを、あるいは力でねじふせることの不快さを見つけるのは、いつなのだろうか。

妻は、プンとサーラの発見を楽しみにしている。プンとサーラ、二歳一一ヵ月。

とどく言葉、とどかない言葉

プンとサーラを誘った。

「ねえ、パパのゴヨーについてきてくれない?」

夏休みのある日、学校へ行く用事ができたのだ。

帰省しているコドモの一人であるマモルから電話が入り、国語の教科書をすぐに送ってほしいという。一瞬〈こっちも休日なのに〉と思ったけれど、送ることにした。それで、プンやサーラを連れて教科書を取りに学校へ行こうと思い立ったのだ。明らかに、一人で行ったほうがラクだ。でも、雨だし、学校でちょっと遊べたりしたら楽しいかもしれない。そう思って二人を誘った。

例年、夏休みに入るとすぐに、清掃業者の人たちが教室をワックスがけしてくれる。だから、床はピカピカだった。机や本棚、立位訓練用のお立ち台に朝トレ用ボクシング・グローブなどが、中央にごそっとかたまっていた。始業式の前には片付けないとダメだなと思いつつ、マモルの教科書を探す。

プンとサーラは、わたしのまわりをうろうろしながら、教室にある物をさわっていた。目をやると、黒板の下にかかっている防災用のヘルメットをなでている。たしか二人は、この前に学校へ来たときも、このヘルメットをなでていた。

「パパ、ゴヨー、スグオワル?」

やや緊張した面持ちでサーラが言う。

「すぐ終わるよ。終わったら郵便局行って、それからフジさんに行って、サーラ何買うんだっけ?」

「プリン!」

ゴヨーについてくる報酬は、サーラが家の近くにあるスーパー・フジで売っている三個一〇〇円のプリン、プンはやはり三個一〇〇円のヨーグルトだ。

国語の教科書は、すぐに見つかった。その場で封筒に入れ、ちょっとした手紙をそえる。手紙を書いているとき、プンが言った。

「パパ、プンタチイテ、タスカルノ?」

「助かるよ!」と、わたしは明快に答えた。

「ナンデ?」

「えーと、ホラッ、ペンとか取ってくれるでしょ」

「ナンデ?」と突っ込まれたけれど、わたしなりにいい理由を見つけたと思った。プンとサーラは、わたしのペンを手に取っていじっていたからだ。でも、プンは納得しない。

「ダカラ、ナンデ?」

ちょっと怒ったような口調になる。まゆ毛が一直線につながりそうだった。プンは、怒るとまゆ毛がつながる。サーラもつながる。

「ダカラナンデって、あの……」

二度目の突っ込みに、うまく答えられない。

「サミシクナイノ?」と、またプンが言った。

「そう、さみしくないんだわ、プンやサーラがいると」

プンが言ったことを、またプンに返した。

「サミシクナイノー、プンタチイテ、サミシクナイノー」

プンは、サミシクナイという言葉を何度か繰り返していた。

そのとき思った。「ペンを取ってくれるから」という言葉は、プンにとどいていないのだ。言葉の内容が理解できないというのではない。「ペン取って」と言えば、プンもサーラも取ってきてくれる。でも、「プンタチイテ、タスカルノ」という疑問に対しては、ピントはずれだったのだ。

〈プンたちがいて、パパは何が助かるんだろう?〉

プンは、素直にそう思ったのだろう。それで、わたしに聞いてみた。でも、わたしの答えは、プンの気持ちをつかまえるものではなかった。

そして、自分で見つけたのだ、サミシクナイということを。「サミシクナイ」という言葉に、わたしも納得した。そう、二人がいればサミシクナイではないか。休日の、コドモもいない学校に行くのは、さびしいものである。でも、二人がいっしょにいてくれると、たいへんなところもあるけど、決してサミシイ気持ちにはならない。

自分のなかで生まれるいろいろな気持ちを、コドモたちはつかまえようとする。キュッとつかまえる瞬間がある。『子どものことを子どもにきく』(新潮社、二〇〇〇年)の著者である杉山亮さんが、そう言っていた。

「サミシクナイノ?」と言ったプンは、まさにそういう状態だったのではないだろうか。わたしはキュッとつかまえる瞬間に立ち会えたのかもしれない。

「サミシクナイノ?」は、その場のありようをみごとに言いあてた言葉ではないか。〈アンタたちがいっしょだとかえって時間がかかってたいへんだけど、面倒みないといけないから連れていってやるね〉

そんなわたしのエラそうな気持ちを、みごとに蹴散らしているではないか。このときプンとサーラは三歳一カ月。

コドモたちに「とどく言葉」というものがあるのだろう。感性にピタリとくる言葉ともいえる。プンやサーラは、それを自分で見つけようともする。そう考えると、わたしたちオトナの言うことをコドモが聞いてくれないというのは、わたしたちの言葉がコドモたちにとどいていないということなのだろう。「ペンを取ってくれるから助かる」というわたしの言葉は、いかにも陳腐だ。プンの疑問に対してテキトーに出した答えだ。

とどく言葉を探そう。そのためには、コドモの問いに対してサボらないことが大切だろう。

一五〇〇メートルのドラマ

ジテンシャとの格闘

五月の暑い日、三人でサイクリングに出かけた。プンとサーラには、それぞれ愛用の「ジテンシャ」がある。三輪のジテンシャだ。それに乗って出かけた。初めてのサイクリングである。

出だしは快調。家の前にあるスーパーの裏を通り、ウッペツ川という川にかかる橋へと向かった。あちこちにタンポポの花が咲いている。

「ウワー、サイテイル、タンポポ。コノマエマデ、イチゴノアカダッタノニ」とプン。すぐにサーラが「イチゴノアカダッタノニ」と繰り返した。

イチゴノアカ？　何のことだろう。よくわからないけど、何かが変わったのだろう。

ウッペツ川に出た。「アッ、ウミダー」と、これまたプンが叫んだ。

橋の下をかなりのスピードで水が流れている。川幅は五～六メートルといったところだ。橋の上で二人ともジテンシャを停め、乗ったままの姿勢で、身を乗り出すようにして、川の流れを見ていた。出発してから、ここまでで三〇分くらい経っただろうか。

ジテンシャを乗り捨てたくなったのだろう、プンが歩き始めた。

プンもサーラも、たいてい途中で乗り捨てようとする。あるいは、降りて手で押したり、持ち上げたり、先端に付いているカゴを引っ張ったりする。そして最後には、「パパ、オシテ」と頼むことが多い。

「最後まで、ちゃんとがんばりなさい」と、たいていわたしは言う。それでも、「パパ、オシテ」と訴えるときには、「それならジテンシャ置いていきな。ブーダが盗っていくから。ジテンシャ、ブーダにアゲッカ」と言う。

「ブーダ」というのは、わたしが考案した悪のキャラクターである。ちょっとしたオドシをかけるときに、使っている。

でも、プンやサーラは案外かんたんに「アゲテモイイヨ」と答えるのだ。そう言われると、こっちはもう打つ手がない。「なに言ってんの、ダメだよ。パパはイヤだからね、ジテンシャ運ぶの！」などとつぶやくくらいだ。

橋の上から、家を取り壊す工事の様子が見えた。クレーン車が入って、解体した木材を運んでいる。わたしはクレーン車のほうを指さした。

「ホラ、あれがコウジのブーダだ」

サーラは「コウジ、ツヨソー」と、クレーン車の力強さそのものに感動しているようだ。

橋を渡り、右に曲がった。ウッペツ川沿いに遊歩道が続いている。三〇〇メートルくらい先には、もう一つの橋がある。そこを渡ると、ちょうど近所を一周するようなかたちでアパートに戻ることができる。

この遊歩道沿いには、団地が立ち並んでいる。そこのコドモたちだろう、五〜六人の集団が走り回っていた。女の子もいれば、男の子もいる。小さいコドモもいれば、大きいコドモもいる。何をしているんだろう。わたしたちのほうに走ってきたと思ったら、また団地へ戻っていった。一人だけ、集団から離れ、遊歩道にあるイヌのウンコを小枝で突っついている。

プンとサーラは、目の前のジテンシャと格闘していた。

「ブーダニ、アゲテイイ」とサーラが言い出す。

「そう、あげるの……。でも、自分で運んでよね」とわたし。

「ワカッタワヨ、シタガナイナー(仕方がないなあ)」などと言いつつ、ジテンシャを押したり引いたりする二人。

それでも、脇を流れる「海」が気になるらしい。ときおり、遊歩道の手すりから身を乗り出して、のぞこうとする。

わたしはきょう初めてプンとサーラを手伝った。こいでいる二人の背中を押したり、二つの後輪をつなぐプレートに足を乗せてキックボードのようにこいだり……。なんとかもう一つの橋に到着し、一休み。

目的のジュースまでいろいろ

「パパ、オチャ」とプンが言う。暑いし、ノドがかわいたのだろう。

「ないんだよね。ジュースでも買うか、キョクユウさんで」

キョクユウさんというのは、近くにあるスーパーだ。わたしの申し出に対して、二人とも元気よく答えた。

「カウ！」

明るい調子で、サーラが付け加えた。

「パパ、スイトウ、モッテコナカッタモンネ！」

キョクユウさんまでは、橋を渡って三〇〇メートルほど直進すればいい。この先は歩道の幅が広いので、気がラクだ。前日降った雨のせいだろう。歩道のちょっとした窪みに水たまりができていた。プンとサーラは、これを「タマリ」と呼ぶ。わたしたちは一度そこを通り過ぎたが、プンが尋ねた。

「タマリ、チョットイイ?」

「いいよ」とわたしが答えると、プンもサーラも、引き返していく。

水面に映る自分たちの顔をのぞきこんだり。チョンチョンと指でタマリを突ついたり。足をそっと入れ、底が浅いことを確認したうえで、パシャパシャと縦断したり。二人ともタマリ好きである。とくに、プンはそうだ。

ちょっとだけ水遊びをした後、キョクユウさんの前に着いたが、そこにジュースの自動販売機はなかった。何日か前にキョクユウさんは店を閉めたのだ。店の前にあった自動販売機はまだ残っているかと思ったけれど、あまかった。

「ジュースないねえ。フジさん行くか?」

「イク!」。力強く二人は返事をした。わたしたちは、旧キョクユウ跡の裏手へと進み、スーパー・フジをめざす。

キョクユウからフジまでは二〇〇メートルくらい。途中で、イヌの散歩をしていた近所のワジマさんに会った。プンとサーラを見て「三リンシャ、上手だねえ」と声をかけてくれたが、二人はキョトンとしている。そういえば、橋を渡ってからの二人は、再びテンポよくジテンシャをこぐようになっていた。フジさんまでの道のりは軽快だった。

フジさんの裏手には、道路をはさんで反対側にアパートがある。プンとサーラはここの門を気に入っている。門といっても、いかめしいものではない。ちょっとした鉄製の手すりだ。自動車の通り抜けを防ごうとしているのだと思う。その手すりのとなりに、人が行き来するための扉がある。二人はなぜか、この扉を開けたり閉めたりするのが好きなのだ。かんたんにドアノブを操作できるからだろうか。この日もノブをいじって一遊び。

サイコーな気分

フジさんへ着いたときは、午前一〇時ごろに出発してから、二時間近くが経とうとしていた。店内へ入る。二人は、野菜コーナーにある袋入りのトマトを抱き上げたり、生花をさわったりする。わたしは、袋ごと落としはしないか、花びらが取れたりしないか、とドキドキした。

レジのそばでは、ビスケットの特売をやっていた。アンパンマンの袋に入ったビスケットが一〇〇円だ。二人とも、そのビスケットを手に取って見つめている。

「これがほしいのかい？　あっちにもお菓子あるよ」

一つ一〇〇円なら、許容範囲だ。でも、一人一袋では量が少し多いだろう。

そんなことを漠然と考えながら、お菓子コーナーへ誘う。コーナーをひとあたり見回したものの、プンもサーラも例のビスケットをやはり気に入ったようだ。

「これ、二つだと多いから、一個でいいか?」

「イッコデイイカ!」

わたしの言葉を繰り返すように、プンが相づちをうってくれた。お菓子は、これで決まりだ。勢いよく、わたしは言った。

「さあ、あとはジュース、ジュース」

奥にあるジュースコーナーで二人が選んだのは、紙パックをぎゅっと強く押しても中身がこぼれない、プレーンヨーグルト味の飲み物だった。四本一パックで一二〇円、よし。

偶然にも、レジにいたのは、養護学校でいっしょに勉強しているケンタのお姉さんだった。プンがジュースを持ち、サーラがビスケットを持った。それぞれ、お姉さんに渡す。

お姉さんは、二人に一つずつ袋をくれた。ちょっとした心くばりがうれしい。

ジテンシャを止めてあるところに行き、座った。ジュースにストローをさし、ゴクリと飲む。そして、ビスケットをつまむ。「サイコー」と、サーラが笑顔で叫んだ。

「いいかい、きょうだけだよ、きょうだけ」とわたし。

〈散歩に出かけてオヤツがつくのは、きょうだけだよ〉とは、われながらセコイ。

「パパ、モウイッコ、タベテモイイ?」

プンはビスケットを一枚食べるごとに、わたしに確認を求める。

「いいよ。でも、お昼ご飯食べられなくなるとママに怒られるし……あと二つずつだよ」

栄養補給を終え、帰路につく。自宅を目の前にしたフジの駐車場で、サーラは愛用ジテンシャをプンに奪われた。ちょっと降りたすきをつかれたのだ。二台あるジテンシャのうち、ミッキーマウスの絵柄がサーラの、ミッフィーちゃんの絵柄がプンの、となんとなく決まっている。泣きべそをかくサーラ。わたしは、「これに乗ればいいっショ」と言いつつプンのジテンシャをサーラのところに持っていった。

アパートの前では、妻が笑顔でわたしたちを迎えてくれた。

「すごいねえ。楽しかったんだねえ。二キロ近くあるんじゃない?」

わたしたちのサイクリングは、こうして終わったのだ。

コドモの目線

およそ一キロ半の行程、所要時間二時間半。わたしが一人で歩くと、二五分くらいだろう。プンもサーラも、いろいろなところでひっかかる。

タンポポ、ウミ、コウジのブーダ、タマリ、ドアノブ、ビスケット、ジュース。どれも、ふだんわたしが気にもとめないようなものばかりである。そういうものをキャッチする。


表情も豊かだ。ジテンシャを快調にこぐときの得意顔、ウミを見つけたときの驚き、冒険なかばでの疲れた顔、ジュースを飲んだときの笑顔、ケンカしたときの怒りと涙。

二人に付き合って、わたしもふだんより目をこらす。タンポポがいつの間にかこんなに咲いていた。ウッペツ川の流れって、こんなに急だったっけ。タマリにも水面ができ、そこに顔が映るんだ。あらためて見つけたことがあった。

そして、ジテンシャを乗り捨てようとする二人に文句を言ったり、いっしょにジュースを飲んで爽快になったり、工事現場で二人をおどかそうとしたり、さまざまな気持ちを味わった。ものごとには一つひとつ仕組みがある。植物の成長にも、川の流れにも。よく見ていけば、それぞれが面白く、感動的なのだと思う。楽しそうなもの、面白そうなものというのは、どこにでもある。プンとサーラを見ていると、そう思う。

このサイクリングで二人とも、自分の足で未知のフィールドへ出ていった。そして、いろいろなものを発見し、途中で疲れてダレながらも、なんとかジテンシャを乗り捨てないで乗り切った。最後の栄養補給では、サイコーな気分を味わった。よく行ってきたもんだ。わたしにとっても、楽しくもあり、たいへんでもある経験だった。

二人とも、今度は、どこで、どんなものを、キャッチするのだろう。

コドモの復元力

一すじの涙

「忘れられないね、一時間くらいほっぺにあったもんね」

妻が言っているのは、サーラの涙である。

この日、プンとサーラとわたしは、三時過ぎに近くの広場へ出かけようとした。広場にはいま落ち葉がたくさんある。それを集めて遊ぶのが最近の楽しみだ。わたしはプンを抱っこしていた。後ろからサーラがとぼとぼとついてくる。サーラのほうをチラリと見る。

「ミナイデヨー」

半分ベソをかきながら、サーラは言った。

わたしは前に向き直って歩き出す。でも、気になり、一〇歩くらい行くと見てしまう。

「カエル。オウチ、カエル」

しゃべった後クチビルをかみしめながら、サーラは言った。大きな涙の粒が、ほおの上にあった。

「帰るって……。エー、行こうよ。もう帰るの？　どうして？」

「カエルノ。カエルノ」

「どうして？　魔法騎士レイアースのビデオ観たいの？」

わたしは、しつこく聞いた。

「ミタイノ」

魔法騎士レイアースというのは、ネネが好きなアニメだ。わたしたちが外に行っている間、ネネは家にいて、そのビデオを観ているのだ。

結局そのまま帰ることにする。家を出てから二〇メートルくらいしか進めなかった。

玄関に座りこんだプンとサーラに、もう一度聞いてしまった。

「どうして、帰りたくなったの？　パパが怒ると思ったの？」

サーラはうなずいた。わたしには、思い当たるところがある。

外に出ようとするとき、わたしはサーラにジャンパーを着せようとした。だが、サーラはイヤがった。

「ナンカ、ヤナンダヨナー」

「でも寒いよ」

ジャンパーの前にも、わたしとプンがもめた。スカートだけでは寒いだろうと思ってはかせようとしたスパッツの、そのはかせ方が気持ちにそぐわなかったらしい。

「コレ、グチャグチャニナッテル！」

足首のあたりをさわりながらプンが怒る。

「もう、そうやって怒らないでよ！」と、怒りながら言い返した。

「パパガオコッター」

こうして、プンを泣かせてしまったのだ。

サイテーだった、わたし

さらに午前中、妻をのぞく家族四人で行ったトミーの耳鼻科でも事件があった。たぶん、それがサーラを不安にさせた根本原因だろう。

サーラは、お気に入りの小さなバッグを持って出かけた。病院に着くと、はめていた手袋をそのミニバッグにしまおうとした。でも、うまく入らない。それで、わたしに頼んできたが、わたしも上手にしまえなかった。そのミニバッグは、コンパクトやブローチやヘアブラシなどですでにいっぱいだったのだ。モタモタしているわたしに、サーラは不機嫌な調子で言った。

なんとかサーラの機嫌をとる。

「ンモー、シマッテヨー」

「サッチャン、イライラしないでちゃんと伝えてよ！」

わたしも言い返した。この一言がサーラをキズつけた。

「パパノバカ、モーカエル、モーカエル！」

激しく泣きながら、サーラはわたしをたたいた。

「あぁゴメンゴメン。わかった。もう一回、入れてみよう」

そして、中の小物を別のところに移して手袋をしまった。その後、絵本を読んだりして
なんとかサーラの機嫌をとる。

サーラは持ち直したが、今度はその本がアダとなる。診察直前にプンとサーラで一冊の本を取り合ったのだ。

先生はもうやってきていた。仕方なくわたしはサーラをムリヤリ抱き上げ、イスに座らせた。これもまた、サーラをキズつけることになる。

わたしは疲れた。そして、イライラをネネに爆発させた。

「んもー、たいへんだったのに、マンガばっかり読んで！　もう、まるちゃんなんか、なしだからね！」

まるちゃんとは、マンガの『ちびまる子ちゃん』のことだ。ネネはこのマンガを気に入

っており、古本屋で単行本を買ってやるとわたしは約束していた。ネネは、ぜんぜん協力しなかったことを素直に謝った。そして、その後に言ったのだ。

「でも、パパ、まるちゃんの本のことはカンケーナイでしょ」

そう、関係ない。だが、その冷静な一言に、わたしはまた感情を爆発させた。

「アッそう、じゃあカンケイのあることにしよう。ビデオなしね、耳鼻科ちゃんと行ったら、ビデオ借りようと思ってたんだから」

帰りの車の中で、わたしはどなりまくった。しかも、耳鼻科の帰りに借りると約束していたビデオのことを持ち出したのだ。

ネネは、おおいにとまどい、謝った。プンとサーラは、「パパ、ナニオコッテンノー」とにこやかに言った。

これはよくあることだ。二人は、ネネが怒られるのがものすごくイヤなのだ。だから、わたしの気持ちを和らげようとする。

〈ママアア、パパ、ソンナニオコンナイデヨ。ハイハイ、ワラッテ、ワラッテ〉

言葉にすると、こんな雰囲気だ。このようなとき、プンとサーラのほうがわたしよりはるかに上をいく。カッカきているわたしを、おおらかにつつもうとする。

それにしても、この日のわたしはサイテーだった。

プンとサーラがわたしの機嫌を持ち直そうとしているのがうれしかったのだ。さっきまでわたしが気を遣っていた二人が、いまはわたしに気を遣っている。それがうれしかったのだ。しかも、協力してくれなかったネネがわたしに謝っている。ザマアミロと思ったのだ。

午後になっても、わたしはどことなくイラだっていた。サーラは、不安だったのではないだろうか。わたしがまた怒って、イヤな雰囲気になって、という不安だ。ビデオを観たいという気持ちもあったのかもしれないけれど、いちばんの理由はここにあるのだろう。サーラは、そういう不安をキッパリと伝えてきたわけだ。

それにひきかえわたしは、とにかく外に行けば元気に遊び出すと思っていた。ちょっとぐらいグズってたって、遊び出せば吹っ飛ぶさ。そんなうがった見方をしていた。コドモみくびりというヤツである。

訴える力、伝える力

家に戻ったサーラを妻がだっこした。それからサーラたちは、ネネといっしょに魔法騎士レイアースを観て、オヤツを食べた。わたしは、やることがない。妻を引き継ぐように、ブラインドや配水管についたホコリをふいていた。

「アンタも元気ないね。せっかく遊びに行こうと思ったのにね」

妻がわたしに言った。自業自得である。

それでも四時くらいになると、プンが「オムカエノサンポニイコー」などと言いながら、外に出ようとした。サーラも立ち上がる。涙の抗議から一時間、二人の復活だった。コドモの楽天性というのは、こういうことを言うのだろうか。

二人が活気づくと、家の中も明るくなる。結局のところ、コドモたちのこの復元力にわたしは何度も救われている。このバカ親は、何度も許してもらい、受け入れてもらっているのだ。

そして、あの一すじの涙。あの涙がなければ、わたしはサイテーな自分を振り返ることができなかった。訴える力、伝える力である。

言葉をたくさん知っているのはわたしのほうだけれど、わたしにこんな力があるだろうか。このときプンとサーラは三歳三カ月である。

この日のことは忘れまい。この日の、サイテーな自分は忘れないようにしよう。コドモたちのやさしさと力も、忘れないようにしよう。

何度そう誓ったことだろう。

持ち味が出てきたぞ

サーラはこのところ「ごっこ遊び」をすることが多い。役柄をしっかり設定する。

「サーガ、オカアサンネ。プン、ミルチャンヤッテ」

「ミルちゃん」というのは、二人の間でひんぱんに登場する、赤ちゃんのオリジナルキャラクターである。この役になると、「ミルー、ミルー」という、ミル語しか話さない。

そして、「はいはい」で移動する。

近くのメイチャン公園に行ったときのことだ。「パパ、オカーサンネ」と言われた。メイチャン公園というのは、アダ名である。本当は別のちゃんとした名前があるらしい。ネネの親友メイチャンの家のすぐ近くにあるので、わたしたちはそう呼んでいる。

「じゃあ、サーラは?」

「サーラハ、ミルチャン! ミルー、ミルー」

サーラはすぐに変身した。プンはオネエサンだ。

「オネエサン、行ってらっしゃい。ミルちゃんにミルク買ってきてね」

わたしもセリフを合わせた。

妻によれば、サーラは遊びの転換期だという。ちょっと前までは、プンと二人でブランコにずっと乗っていたり、何度もすべり台をしたり、二人で走り回ったりしていた。ところが、最近は公園へ行っても「ツマンナイ。ナンカ、パパ、ツマンナイ」と言うことが多い。

ツマンナイという言葉は、いままでの遊びでは物足りないのだけれど、自分で楽しい遊びを見つけられないという、ちょっとしたジレンマを表しているのではないだろうか。そして、「ナンカツマンナイゾ」と顔をくもらし続ける姿は、サーラの持ち味を表しているように思う。

サーラには、納得してから動くところがある。たとえば、夏休みが終わってネネとわたしがそれぞれ学校に行き始めたころ、朝になるとサーラは泣いていた。起きると、妻に尋ねる。

「ネネ、キョウオヤスミ？　パパ、キョウオヤスミ？」

「ネネもパパも、きょうはガッコウ行かなくちゃなんないの」と妻が言うと、サーラは「ガッコウイクノ、イヤダー」と激しく泣きくずれるのだ。

夏休み、ネネもわたしも家にいることが多かった。いっしょに朝ご飯を食べ、日中は家で過ごし、夕方にはみんなでプールへ出かけた。新学期が始まると、生活のパターンがもとに戻る。それが納得できなかったのだろう。しばらくは朝の涙が続いた。

だが、二学期が始まって三週間くらい経ったころだろうか。サーラは朝起きるとわたしのところにやってきて、「イクマエニ、ブラブラシテネー」と言うようになった。ブラブラというのは、身体をさかさに持ち上げて揺らす遊びだ。そして、ブラブラをすると、「バイバーイ、ハヤクカエッテキテネ！」とさわやかに送り出してくれた。ブラブラはいわば「別れの儀式」であり、サーラはわたしが学校に行くことを受けとめたのではないだろうか。

受けとめサーラ。妻とわたしは、サーラの持ち味をそう呼ぶ。

一方プンは、軽やかである。行き当たりバッタリ、その場の気分、といったところがある。フトンの上で遊んでいると、「バタリンコン！」と言いながら、突然うしろに引っくり返る。ブランコに乗っていると、自分の背中を押している妻に向かって「キアイイレロ！キアイイレロ！」と大声で叫ぶ。「オイマチクン！オイマチクン！」と言いながら、サーラに抱きつこうとする。

プンがからんだ話のなかには、いまひとつ文脈がわからないのだけど面白い、というものが多い。ちなみにオイマチクンというのは、アニメ番組に登場するキャラクターらしい。

プンはかつて「マネッコザルのプン」とも呼ばれていた。何につけ、サーラのマネをすることが多かったからだ。遊びの場を仕切るのも、サーラのほうだった。

〈サーのほうがお姉さんだからな。生まれたときも五〇〇グラム重かったし。その差が大きかったのかな〉

わたしたちも、わけのわかるようなわからないような解釈をしていた。

ただ、いま思うに、遊びの場を仕切るサーラは、そうせずにはいられないものがあるのではないだろうか。遊ぶなかにも納得のいく「お話」を求めるのではないだろうか。一方プンは、どんな流れでもそれなりに楽しめる。だから、サーラにまかせる。こんな読み取りもできそうだ。

夕方に三人で遊んでいたときだ。ブラブラをした後、「ミンナデ、テーツナイデ、マワロウ！」とプンが言った。言われるままに手をつなぎ、勢いよく回る。でも、遠心力に耐え切れなくなって、三人ともころんでしまった。これがうけた。

「サア、ミンナ、テーツナイデ。モウイッカイヤルワヨ」

今度はサーラが仕切り、一〇回くらい同じことをやった。グルグル回りすぎて、お腹がねじれたような、酔ったような気分だったけれど、プンが突拍子なく始めたことにサーラがのっかっていく、なかなかいい展開だった。

「ネネにそっくりだね」と最初に言われていたのは、プンだった。自己主張の強さが似ている、と妻やわたしは話していた。でも、最近ネネにそっくりだと言われるのは、サーラである。かつてネネは「お話の人」と呼ばれていた。想像力が豊かで、ファンタジーの世界に生きる人、という意味ではない。活動の一つひとつに自分が納得できる「お話」を求めるのだ。そして、サーラも「お話の人」クサイ。

お話の人は、根っこの強さが魅力だが、納得するまでに時間がかかる。初めての場面では、足が止まって動けないときもあるだろう。そんなときは、プンがサーラを助けるかもしれない。プンは、バタリンコンの人だから。

持ち味は、からみあってこそ、ひびきあってこそ、面白い。これから二人とも、どんな味を出してくるのだろう。どんなふうにからんでいくのだろう。

日々の暮らしには、そんな場面がいっぱいあるはずだ。目をこらして、見ていこう。

「自分の」コドモという傲慢さ

わたしは、どこかでネネを「自分の」コドモだと思っている。遠慮のない近いところに、お互いがいる。この遠慮のなさが、一人の人間として尊重することをむずかしくさせる。つまり、相手には相手の気持ちや考えがあるということへの感性がマヒしたかのように、一方的に自分の主張だけを押しつけるのだ。

「自分のコドモを、自分のコドモと思ったら、イカン」

これは、ある作家の言葉だ。深いところを見ていると思う。「自分の」という気持ちは、自分のコドモを所有物のように見る感覚へとつながっていく。

とても恥ずかしい話だが、つい先日もアメをめぐって一もんちゃくあった。お昼前、ネネはサーラにアメを一つあげた。そのことで妻に叱られたのである。

「お昼前なのに。サッチャンには、ママ、もうたくさんあげたんだよ」

ネネ自身、「シマッタ」と思ったようだ。サーラがもらえば、当然プンもほしくなる。そばにいたわたしは、「プンにアメをやるしかないでしょ。あげなさい」とネネに言う。

ネネは、サーラを説得してアメを返してもらおうと考えた。そうやって、自分がしたことのオトシマエをつけようとしたようだ。

だが、わたしは、「早くプンにアメあげなさい。そうやって言葉でごまかすんじゃない」と叫びつつネネをどなりつけ、手にしていた洗濯物をタタミに投げつけたのだった。ブチ切れもいいところである。何もどなるような場面ではない。原因は思い出せないのだけど、何かにイラついていた。そのイライラがネネへと向かったのだ。

「パパ、コワイ」と言って、ネネは泣き始める。妻が間に入り、話を聞いていた。

「どうしてプンにあげないの？　ネネは自分で（自分なりのやり方を）考えていたの？」

ネネは、わたしがいる場所を避け、トイレに入って一泣きし、奥の部屋に行ってまた一泣きした。

「どうしたの。アンタらしくないというか、ネネの悪いところばっかり見て、頭ごなしで。アンタがいちばん嫌いなことなんじゃないの」

妻に、そう言われた。そのころになると、さすがに、イライラをぶつけちらした自分を実感する。すこし間をおいてネネのところに行き、「ネネもちゃんと考えていたのに、どなったりしてゴメンネ」と謝ると、ネネは許してくれた。

コドモとオトナとの間には、力の関係がある。わたしたちオトナは、コドモたちに対していろいろ押しつけることができるし、実際にそうしている場面がある。コドモたちは、その押しつけをかいくぐったところから自分の要求を伝えようとしてくる。

コドモは、オトナを見ている。この人ならどう出てくるか、どこまで自由にさせてくれるか、したたかに見ている。

オトナの力ということについて自覚したい。自覚し、できるところから、力の関係を突破していきたい。わたしは、そう思っている。にもかかわらず、もっとも近いところにいるネネに対しては、これぞまさに力のかかわり、といったことをしているのである。なんということだろう。コドモたちと話をしよう、対話をしようと思っている一方で、暴力のタネがわたしのなかにある。思いどおりにならないと力に訴えるという、イライラがコドモに向かって流れていくという、暴力の根本がある。わたしは、ここを見つめるところから始めなくてはならない。

救いがあるとすれば、いまのところ、ネネがそう脅《おび》えていないことだ。「もう、パパなんか大キライ!」と高らかによく言われる。ネネがそう言えるのは健全な証《あかし》だと、わたしは思っている。「あのバカオヤジは目下のところキレてはいるが、気の弱いあの男のことだ、そのうちに落ち着くだろう」とネネは見通しているのだろう。また、一連のできごとを振り返り、ネネ自身で反省もできる。

一方わたしも、キレてしまった自分自身を振り返ることはできる。このアメブチ切れ事件のように、「さっきはキレてゴメンネ」とわたしが謝り、それでおさまっていくことが多い。

ネネとわたしは親子だ。「親子の絆《きずな》」といった根本的に強そうなものがあるようにも思う。自分のコドモであるネネは特別な存在という実感もある。親子というそれだけで、なんだかもう信頼感と安心感と充足感が満ち満ちてきそうだ。

しかし、絆だけで乗り切れるほど日々の暮らしは甘くない。絆や特別感に安心してしまうというか、そういう絆があるから何を言っても、何をしてもダイジョウブだなどと思ってしまうと、危険だ。親子であっても、それぞれがそれぞれなのだ。

ネネに対するわたしの思いは、「親子」と「一人の人間」との間を行ったり来たりする。それでいいのだろう。こいつはオレの子だ、という情感が強さになり、ネネのピンチを救うときがあるかもしれない。逆に、その情感が親の不遜さへとつながることもある。絆に安心しすぎるのでもなく、かといって絆をまったく感じないということでもなく、これからもネネと付き合っていくのだろう。

共に生きる仲間だぜ

土曜日だった。仕事がたまっていたので、午後から学校に出かけて五時過ぎに戻ってくると、プンとサーラがアパート前の駐車場にいた。この駐車場は、けっこう広い。横幅でいうとクルマが八台入る。縦の長さでいうと、軽自動車なら二台連ねて停められる。その駐車場に、それぞれのジテンシャが出ていた。乗って遊んでいたのだろうか。わたしが見たときは、一台のジテンシャに二人で乗ろうとしていた。

しばらくすると、二人は家の中に入り、水着に着替える。午後から雨が少し降った。そのときにできたのだろう、駐車場と道路のちょうど境目に水がたまっている。二人はプラスチック製の軽くて小さい専用シャベルを持ち出し、タマリの水をすくっては、駐車場のクルマが置いていないスペースにあけていた。駐車場は微妙な坂になっていて、しかもところどころに凸凹があるので、最初のタマリとは別のタマリができる。それがまた意欲をそそったようだ。

「アー、また、たまったね」

「よし、やらなくちゃ」

「やらなくちゃね」という前向きな言葉をしゃべりながら、二人は水すくいにいそしんでいる。道行く人の何人かは、水着に長靴というスタイルの二人に目をとめ、おやまあ！といった表情をして、微笑んでいた。向かいのユーキちゃんのおじいちゃんが、「寒くないかい」と二人に声をかける。プンは「ハズカシー」などと言いながら、タマリの目の前にあったクルマの陰に隠れた。サーラは、おじいちゃんのほうを向いて、こっくりとうなずいていた。

「最近、二人で遊んでんだわ」と妻は言う。家の中でも、そしてアパート前の駐車場でも、なんやかやと遊んでいるときが多いらしい。二人なりの相談、やりとり、かけあいが、わたしや妻の目がとどかないところで行われるようになってきた。これは、三歳一一カ月の二人にとってひとつの「出発」なのかもしれない。

「鍛えたもんね」と妻は言う。プンとサーラにとって、駐車場と玄関は内側の世界と外側の世界とのつなぎ目だった。行ってみたいけど、怖い。そんな場所だった。駐車場で、いろいろなものと出会った。チラチラ降るユキ、ムシ、大きなクルマ、近所のおじさんやおばさん、散歩をしているイヌ……。そして、怖い、恥ずかしいと言っては、玄関へ走り込んだ。ちょっと出ていっては、すぐ戻る。その繰り返しだった。そこから一歩一歩、ユキは怖くない、ムシさんは見ると面白い、おじさんやおばさんはやさしい、ワンちゃんはスキといったようなことを実感しつつ、たくましくなっていった。

駐車場はまた、二人の基地だ。ジテンシャに乗る、走り回る、セーラームーンごっこをする、タマリ遊びをする、シャボンダマをする。雨のときには赤いカサをさして、長靴をはいて、飛び出していく。同じアパートのカケルくんと走り回ったり、モトヤマのおばあちゃんにあいさつしたりする。赤や青や黄や白や、いろいろなチョークで、豪快にラクガキをする。一つのスペースをいろいろと意味づけていくのだ。コドモっていうのは、人っていうのは、外側の世界をそうやって自分のものにしていくのかもしれない。

そして、もうひとつ。相談して遊んでいくというのは、お互いの気持ちをすり合わせていくようなやりとりがなければ、できない。プンとサーラは、共に生きるというところでもチャレンジを続けてきた。二人の間には、ちょっとしたバランス感覚がある。どちらかが気持ちをぶつける場合、もう一方は受け入れようとする。

「プンちゃんたら、ムズカシイわねえ」

ごく最近、サーラが言っていたという。

いまプンは、やや気むずかしい。ちょっとしたことで、つっかかったり怒り出したりする。そんなときサーラは、一歩ゆずることが多い。妻は言う。

「プンちゃん、いま気持ち出してるんだよね。このところガマンしてたからね」
あの「ふとしたときの発見」のできごと以来、プンがサーラに気を遣うという状況が続いていた。気むずかしくなるのは、ちょっとしたことでイライラするのは、心のバランスがくずれているときだ。イラだちをぶつけることで、バランスを保とうとしているのだと思う。そのあたりの、いってみれば気持ちのこまやかさを、サーラもプンも感じとっているると、わたしには思える。

自分たちの世界を一つずつ広げていくこと、相手の気持ちを受けとめたり、相手に気持ちをぶつけたりしながら、共に生きていくこと。こうした、生き方の根本といえるところでは、コドモもオトナも結局は変わらない。プンとサーラから見つけたことを大切にしよう。

環境がちょっと変わるだけでとまどい、なかなか落ち着ける場をつくることができず、ちょっとしたストレスでバランスをくずし、そして家族にあたるのは、わたしである。しかし、それでも、自分の世界を広げていきたいし、人と人とのかかわりから生まれるものを大事にしたいと、わたしは願っている。プンとサーラが育もうとしているものを、わたしもまた育んでいこうとしているのだ。

コドモもオトナも育つ保育園

ネネとの二人暮らし

ネネには、「暗黒」と呼ばれている時代がある。

プンとサーラが妻のお腹にいるころ、ネネとわたしだけで四カ月近く暮らした。妻は安静が必要で、入院していたのだ。ネネが五歳の、春から夏にかけてのできごとだった。

「あのころは、つらかったなあ」と、ネネはいまでもしみじみした口調で言う。

「パパ、夕ご飯、目玉焼きしか作ってくれなかったもんね」

これは違う。わたしが作っていたのはオムレツだ。しかも、ニラとエノキ茸も入っていた。記憶がねじ曲がっているのだろうか。わたしとの二人暮らしがそれほどつらかったということか。目玉焼きは、朝の定番だった。

あるとき大ゲンカをした。いまも忘れない。九八年五月一二日のことだ。当時の保育園との連絡日記を振り返ると詳細がわかる。きっかけはヤクルトだったらしい。そのころネネは毎朝ヤクルトを飲んでいたが、その日に限ってヤクルトが冷蔵庫になかった。買っておくのを忘れたのだ。これにネネは猛抗議する。「ヤクルトを飲みたい」と言い張り、とりみだした。日記にはそう書いてある。

ふだんなら、「残念だけどガマンするか」とすませたのかもしれない。おそらく、ネネもきびしいところでがんばっていたのではないだろうか。ネネは、どちらかといえば晩生《おくて》で、トモダチをつくるのに時間がかかるタイプだ。妻のお迎えを心待ちにし、「ヒャクまでかぞえたらママがくるかなっておもって、かぞえてた」などと言っていたこともあった。それが、ママのいない生活、イマイチなオヤジ。保育園に行く時刻も一時間以上早くなり、七時半には家を出ていた。そんな暮らしのなかで、いっぱいいっぱいだったのだろう。

わたしは冷蔵庫の中から代用品を探し、プルーンジュースで妥協してもらった。ネネはようやく落ち着いた。

ここまでなら、まだよかった。なんと今度は、わたしがとりみだしてしまったのだ。ヤクルトの一件で仕事に遅れたからだ。

「クッソー、オマエのせいで仕事に遅れちまったよ！」

なんともヒドイ言葉をネネにあびせて、わたしはフトンを蹴った。

そんなときネネはけっこう冷静である。連絡日記によれば、「パパ、フトンけっぽったらダメだよ」と言ったらしい。

「けさは（家に買いおくのを忘れた）ヤクルトを飲みたいと言い張り、大ゲンカをしてしまいました。保育園では気持ちを切りかえると思いますが」

という一文を連絡日記に書いて、保育園にネネを送り出したら、ヤマムラ先生がコメントを返してくれた。

「ぜんぜん平気でしたよ。大ゲンカの結末はどうなりました?」

たくましいことに、ネネは「ぜんぜん平気」だったらしい。

わたしは落ちこんだ。自分の弱さに対してだ。感情が流れ出る。抑え切れない。しかも、なさけないことに、しんどいところでがんばっているネネに対して流れ出る。

そんなわたしに対して、「大ゲンカの結末はどうなりました?」という先生の言葉は軽やかに響いた。「大ゲンカ?結末は?」と聞かれると、ホームドラマのドタバタ劇みたいに思えてくる。「またやっちゃってさあ」なんて感じで、軽く考えられる。

この一件は、当時の様子を象徴している。わたしは弱かった。ネネとの二人暮らし。ふだんは妻に頼りっぱなしの自分を変えるチャンスでもあった。わたしが変われば、「ちょっとさびしかったけど、楽しいこともあったよ」なんてネネに言ってもらえることも可能だったかもしれない。でも、わたしは弱かった。

それでも生きてきた。まず、ネネがふんばった。「あのときは保育園に行くのが楽しみだった」とネネは言う。楽しそうな様子は、連絡日記からもうかがえる。九八年六月二三日、保育園から帰った午後七時過ぎ、楽しそうに話をしたと書いてある。

「パパ(は)きょうたのしかった? ネネ(は)たのしかった! 一ばんのヒメと二ばんのヒメとネコと、どろぼうごっこしたの。ユキちゃんが一ばんのヒメで、ネネが二ばんのヒメで、ミッちゃんがネコで……」

子育てのネットワーク

保育園の存在も大きかった。「わかば保育園」。モットーは、タップリ遊んで、しっかり食べる。シンプルな、いい保育園で、先生たちもステキだった。

「いっしょに悩んでくれるもの。いっしょに考えてくれるもの」

先生たちを妻はそう評したことがある。給食に出る野菜が食べられない。飼育小屋のそうじがちょっと苦手。運動会でやる跳び箱や逆上がりが、もうちょっとでできそうなんだけど……。ネネには、いろいろなことがあった。そのつど妻はネネの気持ちを聞き、考え、それを先生に伝える。すると、先生も考えて返してくれる。そんなキャッチボールがあった。

さらに、この保育園が素晴らしかったのは、先生たちをも含む子育てのネットワークだ。それが、どんなにありがたかったか。再び連絡日記より。

「きょう［ネネは］、レミちゃんのお母さん（林田さん）に迎えに来てもらいます。そのまま林田家で遊ぶ予定になっていますので、よろしくお願いします。［迎えの時間は］午後五時です」

レミちゃんの家、コースケくんの家、ミッチャンの家。代わりに迎えに行ってもらって、ネネは夕食までごちそうになった。泊まりに行ったこともある。こうした機会が、ネネには何よりの楽しみだった。わたしまで夕飯をごちそうになったこともある。

プンとサーラが生まれたときも、ネネはレミちゃんの家にいた。妻は切開手術で出産するので、時間がかかる。わたしは病院から電話で事情を話して、迎えに行ってもらったのだ。「産まれました」の第一報を伝えたのは、レミちゃんのお母さんだった。

「フタゴちゃん、もうすぐだね。お母さん元気？　お父さんもたいへんだね」

ネネのいた「おひさま組」の母さん・父さんから、他のクラスの母さん・父さんから、声をかけられた。

わたしたちはそのころ、愛知県の高蔵寺《こうぞうじ》ニュータウンと呼ばれるところに住んでいた。

日本住宅公団(現在の都市基盤整備公団)が造った団地がものすごく多い。わかば保育園は、そのニュータウンの先輩たちが「いい保育所を」という目標を共有しながら築いてきた保育園だ。ネネが入園したときはすでに二〇年を越え、社会福祉法人になっていた。

〈子育てって、たいへんだ。働いてりゃ、なおさらだ。でも、コドモもオトナも育っていこうよ〉

そんな「共生の精神」が息づいていた。多くの人たちに共有されていく精神というのは、具体的な実践をくぐって出てくるものだ。そだち保育園では、コドモや先生はもとより、母さん・父さんたちでつくる親の会や、はたまた理事会にいたるまで、活力があった。理事のうち何人かは、保育園を立ち上げるときに活躍した人たちだったと記憶している。

話し合うから、そこまでやれる

毎年夏には、ニュータウンの各地区で行われるお祭りに模擬店を出す。運営資金を稼ぐのだ。わたしは焼き鳥屋の一員になることが多かった。「昔ちょっと、こっちのほうやっててさあ」などと言う手際のよい父さんのとなりで、アタフタと働いていた。各地区の夏祭りを合計すると八日間になる。焼き鳥・たこ焼き・ふうせん・ワタアメ・かき氷などの店を出す。シングルの家庭は一日、共働きの家庭は二日間参加になっていた。土・日の昼過ぎに集まって、終わるのは夜遅くだ。たいへんといえば、たいへんである。だから毎年、どうしてそこまでやるのか、ということが話題になる。

「運営資金を稼ぐのは、その事業体の責任ではないか。たとえば、赤字が見込まれるとしたら、企業は自分たちでなんとかするでしょ。どうして、親の会で赤字を補うようなことをしなければならないのだろう?」

ある父さんは、そう言った。

「二〇年くらい前はホントにお金がなくて、先生たちも、母さん・父さんも、いっしょになってがんばっていた。いまは経営も落ち着いて、そんな切迫感はない。だから、どうしてこの祭に参加することになったのか、もう一度、基本に戻ったらいい」

言いまわしはすっかり忘れたが、そのようなことを言った若い先生もいた。

「こうやって本音をぶつけ合って話をできるのが、『わかば』のいいところだよ。コミュニケーションって、全身でぶつかり合ってするものだから」

こんなふうに言った母さんもいた。

「どうしてこんなことやるの」という問いを毎年のように繰り返しながら、そして「こういうのはたいへんだから、もうやめてもいい。運営資金が足りないなら、その分のお金を出してもいいから、やめたい心境よ」という母さん・父さんたちをも巻き込みながら、一年一年を積み重ねている。

夏祭りのほかにも、いろいろな活動があった。活動を企画する委員会も盛りだくさん。クラス会・リーダー会議・学習委員会・卒園アルバム編集委員会・文集編集委員会。みんなで分担し合った。それぞれが仕事を終えて、午後七時過ぎくらいから企画の話合いがもたれる。深夜におよぶときもある。楽しみながらやっている面も多いのだけれど、ラクではない。だからこそ、「どうしてそこまでやるの」という話合いが大切なのだろう。反対意見も率直に言える場があるからこそ、やっていけたのだと思う。

そしてもちろん、コドモたちが伸び伸び育っているからがんばれる、というのが基本にある。わたしは、親の会にあって決してリーダー的な存在ではなかったが、この保育園に根づいているものを感じていた。

「そりゃあ、『わかば』だっていろいろあるよ。でも、コドモたちにとっては天国だよね」

夫婦で親の会のリーダーを務めていたレミちゃんのお母さんは、そう言っていた。

二人で暮らしたあの四カ月は、ネネにとって人生最大のピンチだったのかもしれない。そのピンチにあって、トモダチと保育園は、ネネの「希望」だったのではないだろうか。わたしも、救われた。ネネをはじめ「おひさま組」のみんなは、もう一一歳になる。

コドモから学ぶ幼稚園

コドモたちは「トヨ」と呼んだ

わたしが出した新聞への投書がきっかけとなり、中学校時代の友だちと二〇年ぶりに連絡がとれた。札幌にある幼稚園のスタッフをしているという。

秋の一日、プンとサーラ、ネネと妻、そしてわたしの五人で、彼を訪ねた。札幌の郊外、北の沢と呼ばれるところにあり、幼稚園というよりはコドモがウヨウヨと生息する場のようだった。

山の上にはブランコがあり、冒険の沢がある。園の中はオープンスペースになっていて、なんでもできそうだ。敷地にはビニールハウスもあり、以前はそこが園舎だったという。わたしたちが行ったときは、砂場でママゴトをしているコドモたちがいた。遊べそうな場所と材料が、ゴロゴロしている。そんな印象だ。

なつかしいニオイがした。それは、ネネが行っていた保育園のニオイだ。あそこもコドモがウヨウヨと生息していた。

再会し、がっちり握手をした彼の手は、ゴツゴツと力強い。

園舎に行こうとしたら、一人のコドモが「ねえ、トヨ」と彼に話しかけてくる。彼は、コドモたちからトヨと呼ばれているのだ。きょうの遊びごとについての相談らしい。ヒョロリとした身体をしゃがみこませ、そのコドモの目線に自分の目線を合わせるようにしながら、相談にのっている。

午前中は、「自発活動」の時間だという。一〇時から一二時近くまで、自由に遊んでいいのだ。オープンスペースでサッカーをするコドモ、ウサギ小屋にいるコドモ、カードを見せ合うコドモ、おもちゃのクルマにまたがり、園の前にある坂をビュンビュンおりて来るコドモ、山のほうに行くコドモ。集中していたり、まだ調子が出ないのかポワンとしていたり、コドモたちのいろいろな顔があった。

プンとサーラも、おもちゃのクルマをいじったり、ウサギを見にいったり、すべり台に乗ったりと、それなりに遊んでいる。二人とも、トヨとはすぐに仲良くなった。プンとサーラとトヨの目が、ちょっと合う。トヨはニコッとする。でも、それ以上は近寄ってこない。プンとサーラは、トヨが気になり始める。トヨのほうを見る。するとトヨは、近くにあるドアの陰に隠れて、そっと顔を出す。そして、目が合うとまたニコッとする。プンとサーラも、ニコッと笑う。

遠からず近からず、抜群の距離感でプンとサーラに笑顔を見せているトヨのことを、二人はすぐ気に入ったようだった。恥ずかしがり屋のプンとサーラが感じているであろう、初めての人に会うときの、好奇心とドキドキする気持ちとの両方に沿っているかのような、そんなかかわり方をトヨはしていた。

午後からは課題を設けての活動。絵を描いて遊ぶ、みんなで沢に出かける、ホールでゲームをするといったメニューがあった。年齢によって一応のグループが決まっているようだが、基本的にどの活動をしてもいいらしい。

自然のなかで思い切り遊ぶ

コドモたちが帰り始めたころ、トヨが「森のブランコ」に案内してくれるという。幼稚園の目の前にある山にちょっと入ると、ヒョロヒョロと伸びた二本の木にロープをくくりつけて造ったブランコがあった。ロープにお尻を乗せるのだ。二本の木は山の斜面にはえているから、そのブランコに乗ると山から飛び出していくような感じになる。

「落ちたって、そうたいしたケガはしないよ」

トヨが穏やかに言う。ネネが最初に乗った。ネネは、どちらかというと臆病だ。

一回目、山の斜面に向かって飛んでいく。ロープから身体が抜けそうになったが、なんとかもちこたえた。

「エライ！　よくがんばった」

妻もわたしも、思わず応援してしまう。怖い思いをしたにもかかわらず、ネネはまた乗るという。結局、三回チャレンジした。妻やわたしも乗った。思わずウワアと叫びたくなるような、このまま空を飛んでいけそうな、快感がある。こういうのを本当のブランコというのだ。ブランコにホントもウソもないのだが、ホントにそう思った。

昼過ぎには「もう帰ろう」と言っていたネネも、森のブランコで気分が盛り上がったようだ。

自然のなかで、オトナもコドモもいっしょになって思い切り遊ぶ。そこで、オトナもコドモも育つ。それが、この幼稚園のモットーだという。エンチョーさんと、トヨたちスタッフと、コドモたちと、そして親の人たちがコツコツとつくり上げてきた場なのだ。

コドモの話をすれば元気になる

わたしは、幼稚園のミーティングにも参加させてもらった。エンチョーさんからごちそうになったコーヒーが、とってもおいしい。

ミーティングはコドモたちの話が中心だ。コドモたちの姿をスタッフが報告していく。森のブランコに初めて乗れるようになったコドモ、みんなより一足早くお弁当を食べるコドモ。一人のコドモが話題にのぼると、それについてスタッフ全員で話していく。

たとえば、友だちとちょっと離れたところでお弁当を食べているコドモのことが話題にのぼった。もっとも、「できるだけ声をかけて、みんなといっしょに食べるように促しましょう」という、よくあるかたちで指導方法を確認していくわけではない。コドモたちそれぞれの姿を見つめ、その背景にあるものを考え、自分たちのかかわりを考える。「導いていこう」という力みがない。そう感じた。

はたして自分は、コドモたちの話を職場でどれくらいしているだろうか。ミーティングはたくさんある。でも、コドモたちがきょうこんなふうに遊んでいたとか、こんなことで悩んでいるみたいだとか、そういう話をする時間はあまりない。話の中心は、学校や学級をどう運営していくかに流れがちだ。コドモたちの話題は雑談のなかが多い。

しかも、年中、「忙しい、忙しい」と言っている自分は、できるだけ早く仕事を切り上げようなどと考え、そんな雑談も惜しんで仕事をする。それでは、消耗していくだけなのに……。だから「ジューデンしたい、ジューデンしたい」と、カラッポになりかけた電池のようなことをよく言っている。

でも、最近、やっと気がついた。もっともてっとり早くて、効果もある充電方法は、コドモの話をすることだ。

「あのコドモが、きょうこんなことを言っていた。『オレが言いたいのはそういうことじゃねえ』って怒っていた。あれくらい主張してくれるといいよな。なんかこう、かしこまるんじゃなくて、オレが思うのはこれだっていう感じでグイグイみんなが話し出す場になれば、学級会も盛り上がるんだよな。で、そっちのクラスはどうだい?」

コドモに関する話をした後は、心もスッキリ、力もわいてくる。

トヨは、中学校のとき秀才として通っていた。だが、彼が書き記したものを読むと、そこには苦しみがあったのだ。

「私は学生時代、自分探しの旅の途中で、この学園に出会った。それまで周囲の目を気にしすぎて『いい子』を演じてきた私は、学校の成績はそこそこよくても、自分の中身がカラッポだということに苦しんでいた。自分が何者で、何のために存在しているのか、考えることもできなかった。ひからびてしまった私の感性に、何とかしてみずみずしさを取り戻したい。そんな思いが、私をここへ導いたのであろう。私は生き生きと遊ぶ子どもたちにふれ、彼らの純粋な魂に心が震えた。ここでなら私は自分を取り戻せると直感した。

以来、十余年、毎日通い続けている」

　この学園とトヨとの出会いは、強烈だったのだろう。運命の出会いといってもいいのかもしれない。コドモたちによってひからびた感性がよみがえる。コドモたちに癒され、励まされ、自分を取り戻していく。

　コドモたちとのかかわりについて、トヨが言った。「どれだけ自分に誠実になれるかだ」と。自分は自分、それ以上でも、それ以下でもない。そういうところで彼はコドモと向き合っているのだ。

　コドモのパワー、カラカラになった感性をよみがえらせるものって、何だろう。わたし自身、コドモたちの話をたくさんした後は元気になる。どうして、元気になるのだろう。イライラしてプンやサーラにあたってしまった後、「さっきはゴメンね」と言うと、二人ともニッコリ笑って「イイヨ」と許してくれる。この軽やかさは何だろう。

　この学園にかかわるオトナたちは、コドモから学ぶことを本気で考えている。考えているだけじゃなくて、実践している。

　わたしも、いろいろとシンドイことはあるけれど、家庭で、そして学校という場で、コドモたちとかかわりながら生活していることに感謝したい。

ぶつかりあう親子

直なかかわりあい

この夏、ネネとわたしの間で、はたきあい・なぐりあい・ぶつかりあいが続いている。なぜか、ネネのほうからちょっかいを出してくる。

この前は、近くのショッピングセンターに行く途中の道でやりあった。まず、ネネがわたしを両手で突き飛ばした。次に、わたし。助走をつけ、ジャンピングニードロップすなわち跳びヒザ蹴りを、くらわす。ネネはバランスを失い、そのまま路上に倒れた。

ちょうど、一人の老紳士が自転車に乗って通りかかった。その人は、明らかにギョッとした顔をしてわたしを見つめ、わたしたちを完全に追い越していくまでの約二秒間、前方ではなくてわたしをジッと見ながら、自転車をこいでいた。まあ、跳びヒザ蹴りは、そう痛くはない。わたしたちは、なにごともなかったかのように、ふたたび店へと向かったのだ。

ネネのぶつかり方は力強い。ショルダータックルあり、両手を使っての突き飛ばしありだ。こっちにはかなりの衝撃がくる。ネネは、小学校四年生としてはデカイ。ぶつかってくるだけでなく、はたいてもくる。右手でわたしの左ほおをビンタするのだ。これがまた、けっこう痛い。力の加減がヘタクソである。

「ヒマだと、パパ、かまいたくなるんだよね」と言う。

ネネにぶつかってこられたら、わたしは反撃する。多用しているのは、ケツアタックだ。ネネの前でジャンプし、身体を反転させ、ケツ、つまりおしりをぶつけるのである。ジャンプの間に彼女は身構え、腕で身体をガードするから、ケツはネネのヒジにぶつかることが多い。たいした衝撃はないだろう。それでも、二発三発とくらわすうちにガードはくずれ、ケツは彼女のアゴあたりにヒットし、「イッタアイ、やめてよ」と弱音をはきつつ、怒り出す。

ビンタにも反撃する。張り手チョップだ。ネネにやられたくらいの力で、きっちり返している。だから、きっと痛いだろう。

身体は、お互いに痛い。しかし、これがネネとわたしとのもっとも直なかかわりあいである。そして、この「直」というところで、わたしには思い当たることがある。

ネネが生まれてから一〇年になる。その間で、彼女がわたしに対してまさに直接のかかわりを求めてきたことが、言い換えれば、わたし自身がまるごと必要だったであろう時期が、一度だけあった。それは、すでに紹介したネネの暗黒時代である。

ネネはそのとき、夜が怖かったという。それまでは、妻にはりついて寝ていた。しかも、ネネが言うには、「ママは自分が寝るまで、寝ないでいてくれた」。さらに、朝起きたときにも、自分の横には必ずママが寝ていたと言う。

コドモのなかにある「闇に対する不安感」。それは、小檜山博さんの「親のにおい」というエッセイ(『原人の恋』(文化出版局、一九八七年)に収録)に出てくる言葉だ。小檜山さんは、一三歳まで父親といっしょのフトンで寝ていたという。イビキにくるまれ、父の、焼酎とタバコと土のにおいが身体にしみついた。そして、心の底から安心だったという。このくだりを読んだとき、「ああシマッタ、自分はとりかえしのつかないことをしてしまった」と思った。

心の底からの安心。そう、ネネはきっと、妻にはりついて寝ることで、安心だったのだろう。妻が入院したとき、安心感をいくらかでもとどけるのは、わたしの仕事だったのだ。でも、できなかった。しかも、なさけない理由で。わたしは、一刻も早く自分が寝たかった。「はい、それじゃあオヤスミね」といった感じである。そして、朝はさっさと起き、となりの部屋で本を読んでいた。ネネが早く起きてこようものなら、「まだ寝てなさいよ」などと言い放ったのだ。自分のことで精いっぱいだった。

そんなできごとから五年になる。この間、ネネのそばにはいつも妻がいた。まるごと身体ごとのかかわりが、ネネと妻との間で育まれていった。

「ママは大好き」とネネは言う。そして、「パパはフツウかな」と言う。

仕事を終えて、わたしが家に帰る。居間のドアを開ける。ネネはこっちの顔を見るなり、「なんだナルか」と言う。わたしはナルヒサという名前だから、ナルなのである。考えてみれば、ちょっと失礼な言い方だ。わたしの機嫌が悪いときには、「そういう言い方はないだろう」と怒る。機嫌がフツウのときは、「ナルで悪かったな、バーロー」くらいですませる。機嫌がいいときには、「そうさ、キミのナルヒサだぜ!」などとからんでいく。からんだときはたいてい、「やめてヨ、キモチわるい」と言われる。

父と子というには、軽薄な関係だ。トモダチというほどに話をしているわけでもない。共通の趣味があるわけでもない。ネネとわたしは、これでいいのだろうか?

そういう不安がある。ふだん、そんな不安を意識したり感じたりすることはない。でも、いざというときに、力強くネネと向き合えるだろうか？

ネネと、プンとサーラとの間にトラブルが起き、ネネのほうに非があるとする。妻は、「思いやりがない」とネネを叱責する。このときの妻には、力強さを感じる。実のところ、叱った後で自ら反省している場合も多々あるのだけど、〈わたしが叱らなくて、ダレが叱るのか〉といった感じだ。

実際、ネネと妻の間には積み重なった信頼関係がある。ネネは、何か悩みがあれば妻に話をする。保育園時代からそうだった。妻も、そういうときにはネネの話に耳を傾ける。「気持ちをきく」という言い方を妻はする。日々、元気な顔で過ごしているか、ちゃんと食べて、ちゃんと寝ているか。一言でいえば、ネネがハッピーにいまを生きているか。そのところに妻は敏感である。ネネにとっては、〈やっぱりママ、最後はママ〉といった心境なのだろう。

それにひきかえ、とばかりに登場しそうなのが、わたしである。〈やっぱりパパは頼りにならない〉。そんな心境だろう。

大事なときに、大事なことができなかった。その後もイマイチなまま。感情にまかせてキレやすい。それでも、〈これでいいのだ〉と開き直れれば、まだいいのかもしれない。そういう開き直りもできない。

お互いの安心感

そんなわたしを相手に、ネネはなぜぶつかってくるのだろうか。それは、ネネなりの、わたしへのかかわり方なのだと思う。ネネがよくやる「ゲームボーイアドバンス」には、なかなかついていけない。ネネがよく見るマンガも、「ちびまる子ちゃん」以外はついていけない。なかなか接点が見出せないわたしたちの間にネネが持ち込んだ、ちょっと風変わりな交信方法なのだ。そして、わたしはこの交信方法がけっこう重要だと思っている。

ネネにとって、こんなにも気楽にぶつかれるオトナは、わたししかいないのではないだろうか。身体と身体がぶつかりあうことで、相手がそこに存在するのだと実感できる。いまのわたしにとって、この実感は大きい。ネネを直に感じとれる瞬間なのだ。それが、わたしに安心感をもたらす。

ネネもきっと、わたしとの交信に何かを感じとっているのではないか。心の底からの安心というには、ほど遠いだろう。やすらぎをジックリ味わうという雰囲気とは、正反対だろう。それでも、ニヤリと笑ってぶつかってくるネネには、身体がデカイので地響きはするものの、全体的な印象でいうと軽快感がある。彼女も彼女で、身体のぶつかりあいを実感しているはずだ。そして、それは、少なくともイヤなことではないのだろう。

ならば、こっちも付き合おう。ネネとぶつかりあうときには、オトナ気を捨てることにした。オトナの態度で、コドモのじゃれごととあしらわない。こっちも腰を低くしてぶつかっていく。対決なのだ。

人間は単純だ。ネネと対決するようになって、わたしの心は安定した。顔を合わせることが多い夏休みの間、ネネに対してキレたのは一度だけである。去年の夏休みは毎日のようにキレており、「一日一キレ」という題名で原稿を書こうかと、なかば本気で思ったものだ。親がコドモにもたらす安心というものがあると同様に、コドモも親に安心をもたらす。そんなことを思い、一人で納得している。親子はもちつもたれつだ。

ある日の夜、ネネに聞いてみた。

「どうして、ぶつかってくるようになったの?」

「さあ、知らない。忘れた……小さいときのウラミかな」

そっけなく返事がきた。

オムツ問題あるいはコドモの権利

どっちの都合に合わせるか

プンとサーラが四歳になった。この二人、紙オムツとの付き合いが長い。この本の原稿を書き始めたころ、紙オムツをめぐって、わたしはある発見をした。当時、二人は二歳と三カ月。オシッコもウンコも、みんな紙オムツにしていた。

ある休日、「あなた、オシリを嗅いでみて」と、やさしい声で妻が言う。わたしは、プンとサーラのオシリを嗅ぐ。

ウンコの臭いというのはパワーがある。厚ぼったい紙オムツを乗り越えて、ズボンを乗り越えて、臭ってくる。「やりましたか」といった感じで、わたしは少しだけ緊張し、紙オムツをはずすのであった。

このとき、プンやサーラの姿勢が問題だ。オシリをふいて新しいオムツをするには、ゴロンと仰向けの姿勢になってくれるのがいちばんラクだ。でも、この二人、他のことに集中しているときは、ゴロンとしてくれない。立ったままの姿勢で変えることになる。

ここで問題になるのは形状だ。一口にウンコといっても、その様態はいろいろである。切れのいいやつ。さんざんオシリにつぶされて、せんべいみたいになったやつ。ちょっと柔らかめのやつ。

柔らかいウンコを、わたしたちはベッタリーノと呼んでいる。ベッタリーノだと、赤ちゃん用のおしりふきを何枚も使う。ゴロンと仰向けになって、股をパカッとやってくれないと困る。だが、ムリヤリ横にさせても、うまくはいかない。

「ゴロンしてよ。してくれないとパパ、エーンエーンだよう」と泣きマネをすると、ニカッと笑って寝そべってくれることが多い。なるほど、こうやって頼むのがいいのだ。わたしはそう納得していた。しかし、あるとき妻が言った。

「アンタは、まず立ってでは替えないよね。わたしなんて、ほとんど立ったままよ」

そうなのだ。ここに、妻とわたしの違いが一つある。妻は、プンとサーラの都合に自分を合わせようとする。二人が何かに夢中であれば、その遊びが途切れないように、オムツを取り替えようとする。でも、わたしは自分の都合を第一に考える。泣き落としというのは、結局のところ、こちらの都合に引き込もうとすることだ。その点が違う。

妻のかかわりには、クッションがあるように思う。

〈ウンコしているみたいだからオムツ替えたいけど、何をやっていたの？　ブロックしてたのかい。どうする？　そのままだとキモチ悪いッショ。立ったまま替えるかい〉

言葉にしていくと、こんな感じだろうか。気持ちに沿った働きかけとでもいえるだろう。

こう書いてくると、なんだか妻がものすごく立派な人のように見えてくる。もちろん、彼女にだって葛藤はある。いつも穏やかな気持ちでプンとサーラに付き合っているわけではないだろう。二人の都合に合わせておいたほうがラクなんだわ、という打算もあるという。それでも、わたしにとってはありがたい師匠である。

精いっぱいの権利主張

ところで、このオムツ問題というのは、別の見方からも興味深い。それは、コドモの権利という視点である。

いっしょに暮らしていて実感するのだが、コドモというのは、実にショーモナイことにこだわる。「オムツ替え」を例にとると、「だれが」「どこで」「どんなふうに」替えるかを、指定してくるのだ。

「ママに替えてもらう」「イスにつかまって替えてもらう」「オシリ、きっつくふいてネ」

言う。

といった具合だ。余裕があるときは、このイチイチに付き合える。でも、疲れたりイライラしたりしていると、「いいかげんにしろよ」と言いたくなる。しかし、ここでまた妻は言う。

「あの人たちの、精いっぱいの権利主張なんだろうね」

精いっぱいの権利主張。そう、なんだかんだ言ってもこの世界、実権を握っているのはわたしたちオトナである。コドモたちは、わたしたちがつくっている大きな流れのなかに置かれている。大きな流れというのは、わたしたちがつくり出している常識といってもいい。

紙オムツをしていてウンコが出た。そして、プンとサーラがこう言ったとしよう。

「いまは忙しいの。このブロックつくってしまいちゃいたいから、悪いけどオムツは後で取り替えてね」

この主張をわたしは通さない。「オシリがかぶれちゃうよ、キモチ悪いでしょ」と言って、ともかくもオムツを替えようとするだろう。

毎日の暮らし方から、この年齢ではこれくらいのことができるだろうといった「発達の見方」にいたるまで、コドモたちはオトナがつくる「コドモかくあるべし」の世界にいる。

しかし、コドモたちは、プンやサーラは、言いなりでは終わらない。

「パパの言うとおり、オムツをまず替えることにしましょう。ただし、替える人はママにしてもらいます。それから、食卓に付属しているあのイスにつかまって替えさせてもらいますので」

こう訴えてくるのである。少なくとも、わたしにはそう思える。オトナたちの世界をかいくぐって訴えてくるもの。それが、プンやサーラの権利主張といえないだろうか。そして、このアピールには、コドモたちのアンテナや感性が働いている。わたしにとってはシヨーモナイことでも、プンやサーラにとってはゆずれないことなのだ。

四歳になっても、二人は紙オムツを愛用している。ウンコをするときだけ着用する。「オッ、ウンコ出たよー。パパ、取り替えて！」などと軽快な調子で伝えてくることが多い。

家の洋式トイレに座って、できないこともない。プンは何度か成功している。オマルにまたがり、二人で「連れウン」するのが流行したときもある。そのときは、出てきたウンコの形にも二人は注目していた。ニョロッとしたヘビの形、ぼてっとしたハンバーグの形など、ウンコ一つとってもいろいろと楽しんでいた。トイレもオマルも経験した二人である。それでも、いまのところは紙オムツでするのがいちばんいいらしい。どちらかが「あんしん」という言葉を使っていた。

自分もそうだが、ウンコをするという活動にはデリケートな面がある。場所が変わると、たちどころに出なくなったりする。安心感はとっても大切なのだと思う。

コドモと向き合っていく

半年くらいの間に、トイレでするように促していかなくちゃいけないのかなとも思う。それでも、いま二人の「あんしん」をいちばんに考え、そこでの権利主張が保証されている状況というのは、悪くないだろう。いや、悪くないどころか、実のところ育児も教育もこれに尽きるのではないかとさえ、わたしは思っている。コドモたちにとって、自分の暮らす場が安心でき、過ごしやすければ、自分がそのままの自分でいいという実感をもつようになるのではないか。

わたしは、そして妻でさえも、子育ての常識というものにとらわれていると思う。子育ての常識もまた、わたしたちにとっては必要だ。それこそ、世の親たちが、コドモをとりまく世間の人たちが代々、受け継いできた知恵や手立てでもある。ただ、根本的には、あるいはここぞという場面では、目の前にいるコドモたちの活動から、表情から、言葉から、しぐさから、発想したりかかわったりすることが、大切だ。それは、コドモたちの言いなりになるということではない。コドモたちと向き合っていくということだ。オトナにすれば、「コドモかくあるべし」の世界をちょっとズラすということだ。

もっとも、コドモたちの話を聞いてキッチリ向き合い切れないところで、わたしはもがいているのだが……。

最後に一つ。妻に元気がないとき、妻が疲れているようなとき、あるいはちょっと機嫌が悪そうなとき、プンとサーラはスカートをたくしあげ、パンツをほいほいと脱ぎ、妻のほうにオシリを向けながら、こっそり近寄っていく。「あんたたちのオシリって、どうしてこんなにかわいいいんだろうね」などと日ごろよく言う妻への、二人からのプレゼントだ。

おしりは、プンとサーラの存在そのままを表している、という気がわたしはする。何かができるからということではなくて、二人がいるというそのことが、元気のもとになって伝わっていく。そばで見ているわたしにとっても、二人のまるごとそのままを実感できる場面である。コドモたちと暮らすことで味わえる感動といったら、大げさだろうか。

親子のかたち

夏、新潟から母が来た。ここ三年、夏には母が北海道に、冬にはわたしたちが新潟に、ということが多い。

母は、コドモたちから「ミドリさん」と名前で呼ばれている。ネネが生まれたときに「わたしはオバアチャンじゃないわ」と言った。それがきっかけで、ミドリさんと呼ばれるようになる。

〇二年は、初山別《しょさんべつ》というところへ出かけた。北海道の日本海岸沿いをかなり北上したところにある村だ。天文台やキャンプ場や宿泊施設がある。星がきれい。夕日もきれい。五〇メートル級のロングすべり台もある。そういえば、前年もここに来た。

宿に着いた日の夜、翌日の日程が話題になった。わたしは、島に行こうと思った。南へ二〇キロくらい行ったところに羽幌《はぼろ》という町がある。そこから船に乗ると、焼尻《やぎしり》島と天売《てうり》島に行けるのだ。天売島に行って、そこで泳ごう！

「去年行ったもの、いいよ。フェリーも朝早いし。去年、送ってもらったでしょ」

母は言った。じつは前の年、母とネネは二つの島に行っているのだ。そのとき、二人は朝食もとらずに、朝一番の船で出かけた。

「でも、いい海水浴場があるって…」

わたしはガイドブックで仕入れた情報をもとに、そう言った。

「海水浴なんて、どこでもいっしょだワ」

母は間髪を入れずに切り返してくる。

「オレたち去年行ってないし、行きたいんだワネ！」

やや興奮気味、新潟弁まじりになって、わたしも言った。

「ああ、そうだネエ」と母はやや穏やかな口調になり、その場はそれで終わった。

たしかに、母の言い分はもっともである。だが、最初から「行かなくていいワ」などと言われて、素直になれなかったのだ。

新潟に住んでいたころ、そういうケンカはたくさんやった。たとえもっともなことでも、頭から言われると反抗してしまうのだ。考えてみれば、わたしもよくネネに対してやっている。

この後、お互いになんとなく気を遣い合う。母はフロントから島のパンフレットをもらってきたし、わたしは船の時間を調べ、「やっぱり時間的にキビシイかねえ」などと言っていた。

結局、わたしたちは島には行かず、宿から車で一時間くらい南下したところにある海水浴場へ行った。こぢんまりとしたその海水浴場は、あまり混んでおらず、砂浜から海辺まででも近い。なかなか快適なところで、ネネはそそくさと海に入って泳いでいた。プンとサーラは、ボールを投げたり、つかんだ砂をわたしに投げたり、砂を掘って海水タマリをつくったりと、忙しそうに遊んでいた。今年初めての、海とのいい出会いだ。

「島、行かなくてよかったね」

砂浜にシートを敷き、日傘をさしながら腰をおろしていた母に、わたしはそう言った。

「ああ、そうだね」

気のない返事が返ってきた。つきつめて話し合い、解決したわけではない。お互いに気を遣い、なんとなく仲直りしたという感じだ。

これでいいのだろうかという思いがしないわけではなかったが、新潟で暮らしていたときもこんな感じだった。母とケンカして、とことん話し合った経験はない。ケンカに限らず、就職浪人をするとか、北海道で働くことにしたとか、そういうわたしにとっての一大事についても、じっくり・とことん・テッテイ的に話し合いはしなかったように思う。

わたしは、基本的には自分でいろいろなことを決めてきた。だが、思い込みが強く、見通しや判断力もあまりない。「なんで一言相談がないんだよ」と後になってまわりの人から言われるような、決断をしてきた。

大学を卒業するときも、新潟を離れるときも、言いたいことがたくさんあったのではないだろうか。それでも、結局はわたしの好きなようにさせてくれた。最終的には、「とにかく、やってみれば」という感じだ。そして、わたしは、いろいろなことを、とにかくやってきている。

今も昔も始末におえないところが多いのだけれど、それぞれの局面では自分なりに真剣に考えているつもりだ。だから、まわりの人は余計にたいへんなのかもしれない。

反省するところも、ものすごくある。でも、「自分で選んだのだから」というのは、たしかだ。「自分で考えて、なんとかしなくちゃダメだぞ」と言われれば、納得できる。母は、見放すでもなく、かといってグイと踏みこむこともなく、わたしのそばにいたのだった。そのありがたさは、いまなら少しだけわかる。ただ、本当にわかっていくのはもっと先だろう。

未熟さや甘さをさらけ出しても受容されていた時代から、妻と出会い、ネネやプンやサーラが生まれ、曲がりなりにも「父ちゃん」となり、自分をもっと見つめなくてはならない時代へ。そして、コドモたちといっしょに暮らしていく時代へ。

ネネもプンもサーラも、さしせまった問題をそれぞれに抱えている。

きょう、だれと遊べるか。今度の席替えはどうか。あすの国語の発表をどう乗り切るか。あのちょっと口うるさいクラスメイトをどうかわすか。表面的なところしか見えていないものの、こういったことで、ネネが悩みと嘆きの言葉を発することはよくある。

「あーあ、時間が止まればいいのに」

プンにもサーラにも、一大事がある。

「はやくおうちにかえりたい。つらいことがおおすぎて」

これは、夏の旅行で、プンが妻に打ち明けた言葉だ。宿泊先に置いてあったイヌのぬいぐるみがしていたサングラスのフレームを、プンは折ってしまった。加えて、フロに入るとき、プンにとってショックなできごとがあった。ふだんなら、まず妻が入って自分の身体を洗い、それから「おいで」とプンやサーラを呼ぶ。でも、その日は妻といっしょに、すぐにでもフロへ入りたかったようだ。それで、わたしに「ママが洗うまで待てないのかい」と言われた。これが、こたえたらしい。いつもとは違う慣れない場所で、プンも心が張りつめていたのだろう。

「コドモはいいよな、気楽で」などと思いがちではあるが、そうでもないのだ。そのコドモたちを目の前にして、自分はどうかかわっていけるだろうか。それを考えると、実は心もとない。コドモたちがいろいろなことを相談するのは妻である。

わたしにできることといえば、プンやサーラに付き合って少々ハメをはずして遊んだり、あるいは真剣にものを考えているネネのそばで的はずれなことを言い、「アンタをあてにしたわたしがバカだったわよ」とネネを奮い立たせることだろうか。でも、休日はダラダラとさぼっていることが多いし、ネネをからかったつもりが逆にからかわれ、それでケンカをしてしまうことも多い。

母がわたしをどう見ていたのか、本当のところはわからない。ただ、優柔不断で思い込みが強いという、なんとも厄介なわたしに付き合ってくれたことは、たしかだ。母のやり方で、いっしょにいてくれた。わたしはいまが勝負どきだ。不細工なやり方でも、すぐにサボってしまうことが多くても、そのつど反省していくしか仕方がない。

あとがき

名古屋市のとなり、愛知県春日井市《かすがいし》に住んでいたときだ。わたしたちがいたニュータウンにはちょっとした公園や広場がたくさんあり、夕方になるとコドモたちがにぎやかに遊んでいた。ときおり、そのコドモたちに交じって、オトナも遊んでいた。若者だ。団地からバスで一〇分くらい行ったところにある、福祉施設に通っていたのだと思う。鬼ごっこをしたり、コドモたちが乗ったブランコを押したり、なんというかその人たちもコドモたちも、実にいい顔をして遊んでいた。楽しそうで、あったかそうで、躍動感があって、ムリがなくて、とにかくいい顔をしていたのだ。

まわりを見れば、コドモたちはたくさんいる。そこにも、あそこにも、いる。コドモたちにはみな、安心の顔や、ほっとした顔があり、うれしさや喜びの表情がある。快と不快を、安心と不安を伝えようとする活力がある。感性と意思とがある。そのコドモたちと、どう生きていくのか。ここのところで真摯な人たちがいる。

コドモたちとのかかわりで大切なのは「どれだけ自分に誠実になれるか」だと言っていた、トヨ。「コドモもオトナもみんな育っていこうよ」ということを実際の活動をとおして教えてくれた、ネネが通った保育園の母ちゃんや父ちゃんたち。

「なんといってもコドモたちに恵まれました」と心底うれしそうに言いながら転出していった同

僚もいた。「ちゃんとコドモたちを分析して、そこから課題を設定しているのかい？　思いつきだけで教育なんてできないんだよ」と厳しくただしてくれた人もいた。そして、キダくんのおばあちゃん。「学校へ行く『杖』がないような気がする」と語るおばあちゃんが、そのときのキダくんのしんどさをだれよりもわかっていたと思う。

それぞれかたちは違っても、生きていく根っこのところにコドモたちがいるような、コドモと生きることで実現する豊かさや強さを感じさせてくれるような人たちだ。ひるがえって、わたしはどうだろう。

わたしがフトンを蹴飛ばし、「クッソー、仕事に遅れちまったよ」と荒れたとき、そのカンシャク親父の前に、ネネがいた。「パパ、フトンけっぽったらダメだよ」とあっさり言う。とり乱している自分と、それを見ているネネ。

給食を食べ、ヤレヤレという感じで飼育小屋の様子を見に行ったときは、「ニワトリの足から血が出てる！」と言いながら、コドモたちが大あわてで知らせに来た。曇り空みたいにどんよりしているわたしと、息を弾ませているコドモたち。

そうしたコドモたちを前にして、ハッとしたり、ちょっと感動したり、元気をもらったりしている。学校でのかかわりを書いた原稿をまとめるときに、編集者の大江正章さんが提案した題名は「コドモたちに励まされて」だった。わたしはコドモたちと共にありたいと思いながら、おおらかさもこまやかさも足りないと自覚している。それでも、少しずつ、一つひとつ、コドモたちとつながっていきたい。

「コドモたちの世界を探求する夢をもっている者です」という、おおいに力の入った手紙をコモンズさんに送り、コドモとの話を本にしたいと申し出てから、まもなく二年半だ。突然のプロポーズに耳を傾けてくれ、それぞれの原稿にコメントを寄せてくれた大江さんには、深く感謝している。コモンズという気骨ある出版社から発信できることが、大きな幸せです。ありがとうございました。推薦文を書いていただいた毛利子来さんと、カバーやカットに絵を使わせていただいた豊永和美さんにも心からお礼申しあげます。

この二年半で、プンもサーラもネネも大きくなった。トミーの病院へはいまも通い、シールも楽しみにしている。いまは、一〇個集めると塗り絵がもらえる。治療が終わると、プンとサーラは二人だけで診察室の奥へ行ってシールを選んでくる。まわりにいる看護師さんと、なごやかな雰囲気だ。トミーの前でもすっかりリラックスしている。トミー病院は二人にとって「第二の家だね」とまで妻は言う。

最後に、いままで出会ったコドモたちすべてにあらためて感謝したい。ありがとうございました。なお、登場人物・学校名・幼稚園名・保育園名はすべて仮名です。

二〇〇三年七月

今野稔久

〈著者紹介〉
今野稔久（こんの　なるひさ）
1966年　新潟県新潟市生まれ。
1988年　新潟大学教育学部卒業。
1989年４月〜94年３月　北海道の養護学校に勤務。
1995年４月〜97年３月　中京大学大学院社会学研究科に在籍。
1997年４月〜99年１月　岐阜県の小学校に勤務。
1999年４月〜　北海道の養護学校に勤務。旭川市在住。
連絡先　narupiko@dab.hi-ho.ne.jp

コドモの居場所

二〇〇三年八月　五日　初版印刷
二〇〇三年八月一〇日　初版発行

著　者　今野稔久

発行者　大江正章
発行所　コモンズ
東京都新宿区下落合一―五―一〇―一〇〇二
TEL〇三（五三八六）六九七二
FAX〇三（五三八六）六九四五
info@commonsonline.co.jp
http://www.commonsonline.co.jp/
振替　〇〇一一〇―五―四〇〇一二〇

印刷／亜細亜印刷・製本／東京美術紙工

ISBN　4-906640-67-2　C0037